U0821891

# 元宇宙：

## 数字化时代技术与商业赋能

迮钧权　著

中国商业出版社

**图书在版编目（CIP）数据**

元宇宙：数字化时代技术与商业赋能 / 连钧权著
. -- 北京：中国商业出版社，2023.2
ISBN 978-7-5208-2267-1

Ⅰ. ①元… Ⅱ. ①连… Ⅲ. 信息经济—研究 Ⅳ.
① F49

中国版本图书馆 CIP 数据核字 (2022) 第 193203 号

责任编辑：杜 辉

中国商业出版社出版发行
（www.zgsycb.com 100053 北京广安门内报国寺 1 号）
总编室：010-63180647 编辑室：010-83118925
发行部：010-83120835/8286
新华书店经销
三河市龙大印装有限公司印刷
*
710 毫米 ×1000 毫米 16 开 14.5 印张 156 千字
2023 年 2 月第 1 版 2023 年 2 月第 1 次印刷
定价：55.00 元
* * * *

（如有印装质量问题可更换）

# 前 言

什么是元宇宙？有人认为元宇宙是一场经济泡沫，有人认为元宇宙是互联网发展的终极形态，也有人认为元宇宙是人类的理想家园。

从概念上来说，元宇宙是多种互联网前沿技术的集合，是一种全新的、虚实结合的互联网应用和社会形态，能够为现实世界中的人提供沉浸式可交互体验。同时，它既包括现实世界的镜像内容又包括全新的虚拟内容，还通过区块链技术搭建自己的经济体系，并且允许所有用户参与其内容的生产和编辑。

元宇宙是为人类生存和生活提供更好支持的一种设想，同时也是前沿技术发展落地的载体，能够赋能众多行业。元宇宙经济是数字经济的重要组成部分，而数字经济则是促进经济发展的主力之一，因此元宇宙的重要性可见一斑。

近年来苹果、谷歌、腾讯、百度等互联网公司纷纷进军元宇宙，在多条赛道上进行布局。例如百度研发的搭载智能视觉、语音、深度学习等技术的一系列 AI（人工智能）引擎，成为许多元宇宙平台的核心动力。百度的元宇宙产品“希壤”便是其中之一。

得益于技术的突破，元宇宙数字内容的制作成本将大大降低，而硬件消费体验和内容生产效率则会有大幅提升。

虽然当前元宇宙与人们对它的设想还有一定的差距，还需要一段时间的发展，但是元宇宙的发展本身就是循序渐进的，它需要技术、设施的支撑，需要用户不断生产内容以实现元宇宙的扩容。这样元宇宙才可以最终实现多平台互通，进化成为最终形态。

当然在元宇宙的发展过程中也会不可避免地遇到一些问题，例如虚拟数字人的伦理道德问题、虚拟空间的法律管控问题等。这些问题都有待进一步解决，但是我们切不可因噎废食，发展元宇宙始终是我们要坚持的方向，短期的波动不影响长期的探索。在其以后的发展过程中，监管等措施将会更加完善。

本书从大众的视角入手，以富有逻辑性的语言向大众讲解元宇宙的相关概念，并且将理论知识与实际操作案例相结合，对元宇宙的重要性和应用做了进一步的阐述。笔者希望读者在阅读本书之后，能够对元宇宙有一个更清晰的认知，抓住其中的机会，成为受益者。

# 目录

CONTENTS


第 1 章　元宇宙：掀起互联网的新浪潮 ……………………001

1.1　拆解元宇宙，深挖元宇宙内核　001

1.2　三重因素推动，元宇宙是时代演变下的必然结果　009

1.3　指引方向，元宇宙打开互联网发展新空间　014

第 2 章　技术赋能：元宇宙发展的底层支撑 ……………………019

2.1　XR：打破真实与虚拟环境的界限　019

2.2　游戏引擎：创造虚拟空间的重要工具　024

2.3　网络传输：优化传输网络，赋能连接场景　027

2.4　网络靶场：构建信息安全保障体系　031

2.5　区块链：为元宇宙价值传递和平台联合奠基　040

2.6　人工智能：助力元宇宙智能发展　046

2.7　物联网：实现元宇宙的随时进入　050

第 3 章　产业链现状：多环节助力元宇宙商业落地 …………053

3.1　产业链搭建日渐完善　053

3.2　各生态层环环相扣，携手发展　057

3.3　各个环节界限模糊，走向合作　063

第 4 章　虚拟新市场：元宇宙打造盈利新场景 ……………… 067

4.1　巨头涌入，开启元宇宙“卡位战” 067

4.2　新秀崛起，元宇宙企业成为投资目标 075

4.3　元宇宙创业潜力巨大，开启创业新商机 081

4.4　元宇宙开启投资新市场，多个细分市场值得期待 085

第 5 章　虚拟数字人：活在元宇宙的虚拟人类 ……………… 091

5.1　技术升级，虚拟数字人迭代发展 091

5.2　价值延伸，以虚拟 IP 重塑商业逻辑 098

5.3　众企业加码，以细分赛道进军元宇宙 104

第 6 章　沉浸式社交：未来社交新模式 ……………………… 109

6.1　社交变迁：元宇宙开启社交新纪元 109

6.2　平台突破：新兴元宇宙社交平台不断涌现 113

6.3　场景延伸：社交深入更多领域 117

6.4　可行实践路径：从细分角度切入 121

第 7 章　数字化车联网：驶入虚实相融的未来 ……………… 127

7.1　拆解车联网：互联网发展的核心战场 127

7.2　巨大应用潜力：元宇宙赋能车联网 134

7.3　探索新发展：车企进军元宇宙 138

7.4　可行实践路径：以细分领域打造核心竞争力 142

第 8 章　便捷化办公：传统线上办公转向元宇宙办公 ……… 147

8.1　元宇宙办公提供更多功能 147

8.2　丰富应用：多企业探索元宇宙办公 151

8.3　可行实践路径：聚焦不同群体的不同需求 157

**第 9 章　智慧化教育：解锁教学新场景与新模式 ……………161**

9.1　AR/ VR 教育 vs 元宇宙教育　161

9.2　元宇宙创新教学模式　164

9.3　可行实践路径：以升级教学体验为目的　169

**第 10 章　虚拟化营销：视觉营销手段不断丰富 ……………173**

10.1　营销变革：元宇宙升级数字营销　173

10.2　品牌青睐：元宇宙营销成为品牌营销新战场　177

10.3　可行实践路径：打造创新营销方案　180

**第 11 章　开放性游戏：开启游戏生态想象空间 ……………185**

11.1　游戏直观体现元宇宙雏形　185

11.2　众企业积极备战，以游戏入局元宇宙　190

11.3　可行实践路径：解锁游戏创收新风口　194

**第 12 章　去中心化交易：解除元宇宙交易信任危机 …………201**

12.1　去中心化交易推动元宇宙持续发展　201

12.2　NFT 交易火热，展现发展潜力　206

12.3　可行实践路径：去中心化带来新商机　210

**第 13 章　未来前景：不断扩展的元宇宙持续变革社会 ………213**

13.1　技术升级，元宇宙体验实现飞跃　213

13.2　影响扩散，元宇宙深入影响社会生活　218

# 第 1 章　元宇宙：掀起互联网的新浪潮

元宇宙作为当下最为火爆的概念之一，从办公行业到教育领域，从游戏行业到科技领域，正在渗透人类社会的方方面面，开启了一个全新的时代。谷歌、微软、百度、腾讯等众多互联网企业纷纷进军元宇宙，试图在元宇宙市场尚未完全开发时做好充足准备，布局元宇宙。与元宇宙相关的企业也受到热捧，投资者不断加大投资力度，很多上市公司股价涨势良好。元宇宙正在掀起互联网的新浪潮。

## 1.1　拆解元宇宙，深挖元宇宙内核

对于很多人来说，元宇宙是一个看不见、摸不着的概念，但实际上元宇宙也可以被拆解为不同的形式，以方便人们理解。下面将对元宇宙的概念起源、核心特征和核心构成进行由浅入深的阐述，帮助人们更精准地认识元宇宙。

### 1.1.1 概念起源：经典概念在新时代的重生

很多人认为元宇宙是近年才火爆起来的新概念，实则并非如此。早在几十年前，科幻作家尼尔·斯蒂芬森就在他的小说《雪崩》中描述了元宇宙（Metaverse）的概念。在这本书中，元宇宙是一个承载了人类美好希望的虚拟世界，现实世界中的人们通过VR设备进入元宇宙，并以虚拟身份生活、交际、工作。

如今，随着互联网的迅猛发展，各种高新技术迭代加快，元宇宙已经走出科幻小说，真正地来到了现实世界，元宇宙的内涵也因此更加丰富。元宇宙借助于虚拟现实、区块链等多种技术，集成了一个去中心化、开放、与现实世界平行的永久虚拟空间。在元宇宙中，人们可以拥有独一无二的数字身份，完成各种在现实世界中无法做到的事情。

很多影视作品都表达了人们对于元宇宙这个经典概念的热切期待。例如电影《头号玩家》将元宇宙的概念可视化，将很多看不见、摸不到的场景呈现在屏幕上。电影中的元宇宙世界经济发达、城市繁华，每个人都可以在这里找到自己喜欢的工作，是名副其实的“理想乡”。

尽管元宇宙现在还无法全部落地，但是它已经在教育、游戏、办公等多种行业实现了部分落地。例如被称为“元宇宙第一股”的游戏公司Roblox上市首日市值就突破了400亿美元，自上市以来，其股价走势一直不错。Roblox旗下有全球最大的元宇宙游戏平台，它负责为平台用户提供游戏创作工具和各种个性化数据服务，平台用户则可以自己自由创作元宇宙游戏。

实际上，元宇宙是互联网与现实世界的延伸。万物皆可互联，人类与虚拟世界也可以实现互联。而且元宇宙作为一个去中心化的虚拟空间，相较于互联网世界，它的安全性与私密性更强。

随着技术的发展，人们的思维也更加开阔，元宇宙从概念走向现实，融入互联网新时代。在各种技术的加持下，元宇宙以不同的创新形态呈现在人们面前。未来，元宇宙将在此基础上搭建出一个统一的虚拟现实空间，满足人们学习、工作、社交等多方面的需求。

### 1.1.2　核心特征：逼真性 + 沉浸性 + 开放性 + 协作性

在人们的构想中，虚拟世界中的生活应当同现实世界中的一样，人们能够自由地交友、学习、工作。此外，人们还能在虚拟世界中做很多在现实世界中难以做到的事情，例如乘坐飞船游览太空、去外星球探险等。虽然在现阶段这些美好的设想暂时无法实现，但是在影视作品中，这些设想的场景已经被呈现出来。

2021 年，科幻片《失控玩家》上线。影片中构建了一个与元宇宙相同的虚拟世界，现实世界中的人们只需要穿戴 VR 设备即可进入虚拟世界，体验自己的第二人生。

《失控玩家》在票房大获成功的同时也带来了有关元宇宙的新思考：真正的元宇宙究竟是什么样的？实际上，元宇宙的最终形态应当是一个超级数字社区，它不仅能够实现人们天马行空的愿望，还能够映射现实世界的社会文明。元宇宙应当具有 4 点核心特征，如图 1-1 所示。

图 1–1　元宇宙核心特征

1. 逼真性

逼真性实际上是沉浸性的基础。试想，如果元宇宙中的足球是正方体的、蚊子大如蝴蝶、房子矮小如小轿车，这些失真的场景与物体必然不会让人产生沉浸感，反而会让人感到陌生甚至恐惧。因此，逼真性是元宇宙很重要的基础特征。借助于数字孪生、3D 全息立体投影、数字化扫描等技术，现实世界中的大部分事物都可以在元宇宙中实现 1∶1 还原。

2. 沉浸性

作为与现实世界平行的虚拟世界，元宇宙的高度沉浸感是其最大的特点之一，否则元宇宙就与一般的大型网游无异。元宇宙的沉浸感不仅包括 VR 设备带来的视觉、触觉等方面的真实感，还有虚拟现实场景带来的沉浸感。在现阶段，借助动作捕捉、VR 头显等设备，用户已经能够在元宇宙中自由地做动作、做表情。此外，很多演唱会、博物馆都已经被搬入元宇宙。未来，随着相关技术的不断突破，虚拟与现实的不断融合，元宇宙将会为用户带来更极致的沉浸式体验。

3. 开放性

元宇宙是一个开放的、去中心化的虚拟世界。元宇宙没有明确的边界，它具有十足的延展性，随着技术的不断升级，它的边界也将不断被拓宽。这也意味着元宇宙能够包罗万象，无论是游戏、工作，还是旅游、学习，任何内容最终都可以存在于元宇宙中，元宇宙中的内容始终在不断丰富。元宇宙的开放性使得它不断地自我升级，始终保持稳定性。

4. 协作性

在元宇宙中，协作性的基础是信任度，而建立数字化信任度的基础是区块链技术的应用。区块链能够对各种各样的数据进行授权并为数字化资产提供通行凭证。同时，区块链还能够对在链上的数据资产的交易记录和历史进行溯源，即使是私人之间的交易，其安全性与私密性也能够得到很好的保证。这种去中心化的技术能够极大地增强元宇宙的协作性。

### 1.1.3　核心构成：逐层拆解元宇宙的构成要素

现实世界中的人在进行各种活动，同时也在构建着现实世界中的经济系统，推动经济系统正常运行。元宇宙也同样如此。元宇宙作为一个与现实世界平行的虚拟世界，其自身也处于不断运行中。元宇宙包含 4 个层次，如图 1–2 所示，下面就逐层拆解元宇宙的构成要素。

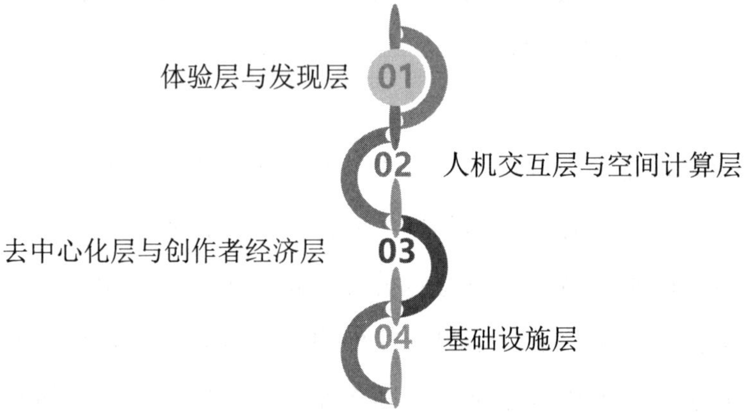


图 1-2 元宇宙的 4 个层次

1. 体验层与发现层

体验层主要指用户层面，即在构建元宇宙后，用户可以在元宇宙中进行各种虚拟体验，如玩游戏、社交、听音乐、看电影等。例如，Roblox 中就包含了语音助手 Alexa、办公套件 Zoom、音频社交平台 Clubhouse 等应用。用户在其中不仅能娱乐，还能工作、学习。

发现层主要指把人们吸引到元宇宙的方式，如手机上的软件商店、App 中的广告等。一般来说，发现系统可分为主动发现机制和被动输入机制两种。其中主动发现机制指的是用户自发寻找，如用户在应用商店、搜索引擎自行搜索等；而被动输入机制指的是在用户无确切需求的情况下推广给用户，如显示广告、群发型广告投放等。

2. 人机交互层与空间计算层

人机交互层主要指硬件层面，如移动设备、可穿戴设备等。硬件设备的升级，使得设备更适合元宇宙的形态。例如，Oculus Quest 等 VR 设备在未来将会充当智能手机的角色，它们将变得越来越轻巧、灵便，并且集成智能手机所有功能以及 AR（Augmented Reality，增强现实）/VR 应用程序，让人们能随时随地进入元宇宙。

空间计算层主要指将元宇宙 3D 化、立体化的技术，如 3D 引擎、VR、多任务界面等。空间计算层消除了现实世界和虚拟世界之间的障碍，这意味着用户将突破传统屏幕和键盘的界限，进入并操控 3D 空间，来增强对现实世界的体验。

3. 去中心化层与创作者经济层

去中心化层主要指连接众多虚拟世界并给予用户身份 ID 的技术，如边缘计算、区块链等。终极形态的元宇宙与电影《头号玩家》中构建的虚拟世界正好相反，它并不会由某一个组织控制，而是由单个实体控制。这也意味着在元宇宙中用户是自我管理的，他们可以拥有数据和创作的所有权。

创作者经济层主要指帮助创作者创作或将其作品资产化的技术和方式，如设计工具、资产市场等。随着元宇宙越来越具有沉浸感、社交性和实时性，创作者的数量也会越来越多。创作者获得工具、模板和市场，使创作从以代码为中心逐渐转变为以创意为中心。网站可以在 Squarespace 等自助建站系统中创建和维护，3D 图形可以在 Unreal 等游戏引擎中制作。创作将变得越来越简单，人人都可以参与，并从中获得收益。

4. 基础设施层

基础设施层主要指构建元宇宙的基础技术，如 5G、Wi-Fi 6、云计算等。这些基础技术可以极大地减少网络争用、降低延迟，使移动设备、智能眼镜等可穿戴设备的功能不受限，更稳定地发挥作用。

## 1.2　三重因素推动，元宇宙是时代演变下的必然结果

元宇宙虽然诞生自人类的幻想，但其并非不切实际，而是时代演变的必然结果。互联网的高速发展催生出一大批高新技术，高新技术所带来的好处吸引了大批用户的关注，而其中蕴藏的利益又被市场资本所青睐，市场资本会向这些前沿技术大力倾斜。由此循环往复，推动元宇宙的诞生与发展。

### 1.2.1　技术支持：技术发展下的新趋势

元宇宙的落地离不开技术支持，例如 VR、手势追踪等技术为人们在元宇宙中的沉浸式体验提供了足够的技术支持。同时，元宇宙的发展同样也反作用于这些技术。元宇宙为这些技术提供了与现实世界不同的应用场景，推动这些技术不断地迭代、升级，使得“英雄有用武之地”。

以 VR 为例，在 VR 设备出现之初，曾受到市场的追捧，一些高质量的 VR 设备以较高的硬件水准和开放的生态获得了用户的青睐。但 VR 行业的发展并不顺利，市场中的 VR 设备越来越多，但质量参差不齐，无法保证所有用户都能够获得较好的 VR 体验。

VR 内容的缺乏也阻碍了 VR 行业的发展。VR 行业的发展离不开 VR 内容的支撑，但较高的开发成本和较少的用户数量使得企业难以通过 VR 内容收回成本，同时较长的回本周期也削弱了

企业开发VR内容的热情。在VR技术不断发展的当前，即使VR设备的性能和质量日益提高，但因为缺少VR内容和应用场景的支撑，VR产品的受众群体依然无法有效扩大。

在这种情况下，元宇宙就成了VR重获新生的契机。元宇宙概念的兴起促进了VR设备销量的增长与市场的扩大。相关研究机构发布的报告显示，元宇宙将推动更多厂商加入建设虚拟世界的队伍，2022年末，全球VR/AR设备出货量将达到1202万台，年增长率达26.4%。

可以想象，随着元宇宙的搭建和发展，不仅游戏，而且更多的场景将搬到虚拟世界中，VR设备也将覆盖更多的人群和更多的场景，这些都将推动VR行业的发展。同时，元宇宙是一种融合了多种技术的新生态，它的发展不仅会为VR技术的落地提供新场景，而且会激发AI、5G等技术的发展。元宇宙和各种先进技术的发展方向是一致的。

### 1.2.2 市场支持：资本流动下的新出口

资本的嗅觉永远是最敏锐的。以股市为例，在股市中股价大涨、市值猛增的公司往往是被资本所看好的，具有良好市场行情的公司。只有在市场中能够获取大量收益，资本才会投入大量成本。而在现阶段，元宇宙就是被资本所看好的、具有良好市场行情的领域。

例如元宇宙游戏的代表性公司Roblox，从上市起其股价就一直处于游戏行业公司的头部。

2021年11月初，Roblox发布了第三季度财报。财报显示其收入同比增长 102%，达到 5.093 亿美元；第三季度平均 DAU（Daily Active User，日活跃用户量）为 4730 万，同比增长 31%。受财报影响，Roblox 股价一路飙升，截至 2021 年 11 月 17 日，Roblox 总市值已突破 700 亿美元。

为什么 Roblox 能够在资本市场中风生水起？这与其一直强调的元宇宙概念密切相关。Roblox 本质上是一款沙盒游戏平台，但却融入了诸多元宇宙元素，这赋予了其产品无穷的魅力。Roblox 在元宇宙的沉浸式体验、内容生态、社交体系、经济系统等方面，都做出了努力。

（1）沉浸式体验：Roblox 兼容 VR 设备，同时具有头部追踪、转换视角等功能，为用户提供更好的沉浸式体验。

（2）内容生态：Roblox 为用户提供多样的创作工具和丰富的素材库，鼓励其进行自由创作。用户可以根据自己的兴趣创作角色扮演、动作格斗、经营等多种类型的游戏，并可以自行设计游戏的场景、道具、脚本等。

（3）社交体系：Roblox 具有很强的社交功能，用户可以在虚拟世界中与好朋友一起创作、体验游戏等，也可以结识新的朋友，甚至可以在虚拟世界中举办演唱会、生日聚会等，邀请朋友前来参加。

（4）经济系统：Roblox 中有一套完整的经济系统，覆盖内容创作与消费。其经济系统建立在虚拟货币 Robux 上。用户可以从其他 Roblox 用户和 Roblox 网站中购买 Robux，可以在游戏中消费 Robux，也可以通过设计道具、创作游戏等获得 Robux。同时，用户可以将获得的 Robux 兑换成现实中的货币。

Roblox 在资本市场中的火热发展让更多企业看到了未来互联网行业发展的新方向，看到了资本的新出口，于是众多企业纷纷跑马圈地，积极布局元宇宙。新兴的游戏公司、VR 公司等借元宇宙的风口纷纷获得融资，而腾讯、字节跳动等互联网企业投资动作不断，加速在元宇宙领域的布局。在互联网行业发展放缓的当下，各大巨头需要寻找一个新的增量市场并进行布局，以进一步扩大自身的商业版图。

### 1.2.3 用户支持：数字化发展下的新体验需求

元宇宙的发展离不开用户的支持。作为在互联网时代成长起来的一代人，Z 世代（1995—2009 年出生的群体）如今已经成了用户市场中举足轻重的消费主力军。他们具有极强的个性和自我意识，同时借助于互联网，他们的眼界也比前一代人要开阔得多。这也注定了 Z 世代虽然对新鲜事物接受度要高，但他们的要求也更加严格。

自 2021 年以来，VR 设备乘着元宇宙的东风再次受到市场的关注，新的 VR 设备层出不穷，而搭载了先进技术的 VR 设备就受到了 Z 世代的喜爱。一项调查显示，Z 世代群体中有九成以上的人了解或体验过 VR，有半数以上的人对 VR 的未来充满期待。

Z 世代的数字体验需求和数字消费需求为元宇宙的发展创造了良好的物质环境，让建立一个万物互联的数字世界成为元宇宙领域的发展方向。在元宇宙发展的过程中，有着“网生一代”“圈层达人”等标签的 Z 世代，将成为元宇宙消费的中坚力量。

2022 年 4 月，营销咨询公司 Razorfish 进行了一项调查，以了解 Z 世代游戏用户的习惯、观点、对未来的希望等，最终了解元宇宙对社交互动、商业等方面的影响。

该调查显示，Z 世代游戏用户每周与朋友见面相处的时间为 6.6 小时，而花费在电子游戏上的时间为 12.2 小时。这些游戏用户十分重视在虚拟世界中的体验，将其视为现实生活的延伸。其中，约一半以上的人希望在虚拟世界里赚钱，同时约 1/3 的人希望在虚拟世界中获得工作体验。

在数字消费体验方面，Z 世代游戏用户花在休闲娱乐方面的预算中的 20% 将用于游戏内购买道具、皮肤等。他们不仅希望虚拟世界中有虚拟商店，以满足他们在其中浏览和购买产品的需求，同时希望虚拟世界能够为他们提供虚拟形象和服装。

总之，作为未来消费的主力军，Z 世代的数字体验需求和数字消费需求将对元宇宙的相关实践和产品的落地提供助力，成为推动元宇宙发展的积极力量。

## 1.3 指引方向，元宇宙打开互联网发展新空间

很多人认为，元宇宙实际上就是互联网发展的终极形态。互联网已经高速发展了十几年，如今也正面临发展的瓶颈，而元宇宙就是互联网发展的新空间。它不仅打破了互联网的空间屏障和体验屏障，还重塑了数字文明，让互联网得以以新的形式突破瓶颈继续发展下去。

### 1.3.1 打破空间屏障，现实空间向虚拟空间拓展

在传统的互联网时代，无论线上活动举办得多么火热，用户却好像只是观看了一场在线网络直播，其体验与线下完全不同。而若是参加线下活动，例如演唱会，其门票往往十分难抢，很多观众还会受限于交通、时间的限制，无法抵达现场参加。由此可见，传统的互联网并不能打破空间屏障，虚拟与现实的界限也无法被打破，但这些问题都已经在元宇宙中得到了解决。

2020 年 4 月，第三人称射击游戏《堡垒之夜》和著名说唱歌手特拉维斯 · 斯科特携手，在游戏的虚拟世界中举办了一场名为“Astronomical”（天文学）的沉浸式演唱会，吸引了约 2770 万名用户观看。

4 月 24 日晚上，大量用户早早登录游戏，共同等待着这场奇幻演唱会的开始。而事实也证明，《堡垒之夜》并没有辜负用户的

期待。演唱会一开场，化身巨人形象的特拉维斯·斯科特仿佛天外来客从大气层外落到舞台上，令人十分震撼。

在歌手表演的过程中，演唱会中的场景也极为梦幻。极光、星空、烟花等元素不断变换，用户所处的空间也不断更替，他们时而翱翔太空，时而潜入海底，伴随着动感的音乐，用户得到了无与伦比的沉浸式体验。

这场演唱会的举办方，即《堡垒之夜》的开发商 Epic Games 所提供的数据显示，演唱会不仅吸引了约 2770 万人在游戏中现场观看，还吸引了超过 300 万的观众前往直播平台观看。同时，在演唱会结束后，这场奇幻的演唱会也被深受震撼的观众在微博、微信等平台刷屏。无论是从观看数据来看，还是从演唱会引发的网络舆论来看，这场演唱会都是非常成功的。

元宇宙为人们提供了一个能够实时自由交互的、边界不断扩展的虚拟世界。在这里，人们可以凭借各种创作工具设计新的游戏道具，增加新的游戏版图，真正突破游戏版图的局限性。同时，人们也能够在游戏中获得沉浸式十足的体验，不仅可以在游戏中自由奔跑跳跃、和其他用户对话，还能够真实感觉到游戏中的风霜雨雪，触碰到游戏中的各种物体。

### 1.3.2　打破体验屏障，实现沉浸式交互体验

元宇宙与传统互联网最大的区别之一就是它具有高度的沉浸式体验感。虽然在当前阶段，很多互联网游戏都号称自己是一款“高沉浸感、高自由度”的游戏，但实际上用户还是需要通过键盘、鼠标或屏幕来操控游戏中的角色，游戏中角色的动作、表

情都是固定的程序模式，因此用户获得的沉浸感和自由性也十分有限。

而元宇宙则能够突破体验屏障，实现更自由的沉浸式交互体验。在这方面，突破以往交互方式的 VR 游戏、VR 社交吸引了大量用户的关注。例如，在 VR 社交平台 VRChat 中，借助全身追踪设备，用户还可以使用表情、手势等和其他用户交互，甚至能够触碰到其他用户。这使得用户获得的交互体验更加真实。

VRChat 在交互体验方面的创新满足了用户的需求，使得多样的互动形式得以出现在虚拟世界中。基于在这方面的优势，VRChat 吸引了众多来自世界各地的舞者，他们可以在 VRChat 中聚在一起“斗舞”。此外，用户还可以在 VRChat 中看动漫，与身边的来自世界各地的朋友一起讨论人物、剧情等。用户足不出户就可以和相同兴趣爱好的朋友聚在一起，自然地进行社交。

目前，VRChat 的注册用户已经突破 200 万，同时在线人数突破 2.4 万，并且其用户数量还在不断增长中。从 VRChat 的火热中，我们可以看出用户对于更自然交互体验的热爱和期待，而元宇宙的发展能够满足用户的这一需求。未来，随着追踪技术和动作捕捉技术的升级、触觉互联网在元宇宙中的实现等，用户在元宇宙中的动作、表情等都将变得更加自然，交互也将更加实时、高效。

### 1.3.3 数字社会 + 元宇宙，重塑数字文明

人类文明从茹毛饮血的史前时代迈入“九天揽月”的互联网时代，经历了数百万年。人类文明的每一次更替，都会产生新的

规则，形成新的秩序。互联网时代同样如此。元宇宙将重塑数字文明，如图 1–3 所示，打造新的数字社会体系，制定新的人类社会秩序。

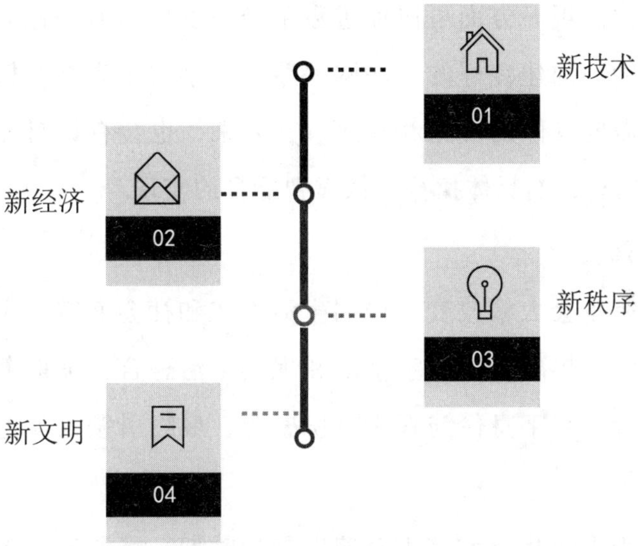


图 1–3　元宇宙催生新的数字文明

1. 新技术

元宇宙是由数字技术驱动形成的虚拟世界。在未来，元宇宙会进一步促进区块链、VR、AR、人工智能、云计算等技术进一步融合并持续迭代，使其与人们生活的联系更密切。

2. 新经济

元宇宙的经济体系与现实世界中的不同，元宇宙经济是数字经济中最具活力的一部分。在未来，元宇宙中的数字资产同样具有价值，人们可以用通用的数字货币自由交易数字资产，不用担心信用问题。在元宇宙中，数字经济与实体经济深度融合，产业数字化和数字资产化使商业可以进一步突破资源束缚，产生新的变革。

3. 新秩序

近年来，很多国家针对互联网行业出台了相关的法律法规。这些法律法规一方面可以促进数字经济发展，另一方面可以打击垄断行为，构建良好的互联网秩序。元宇宙作为有主权的数字空间，也需要具体的规则和秩序。在未来，也会有针对元宇宙的法律法规出现，而具体执行会依靠智能合约实现。

4. 新文明

元宇宙会大幅改变人们的生活方式和社会面貌，实现虚拟世界和现实世界融合，数字生活和现实生活融合，虚拟资产与实物资产融合，数字身份与真实身份融合，最终引领人类走向全新的数字文明。

未来十年将是元宇宙急速发展的时期，将涌现一批全新的职业，如数字艺术家、虚拟设计师、数字建筑师等。要想在元宇宙世界中立足，我们一定要掌握与数字世界高效交互的技能，享受元宇宙发展的红利。

# 第 2 章　技术赋能：元宇宙发展的底层支撑

技术是推动元宇宙发展的最大动力，也是元宇宙运行的底层支撑。从互联网到元宇宙的发展历程中，元宇宙的每一阶段的落地都离不开技术赋能。从技术的角度来看，元宇宙是以现代互联网为基础，融合多种技术的虚拟现实空间。元宇宙中的技术有很多，例如 XR（Extended Reality，扩展现实）、人机交互技术、区块链技术、数字孪生技术等。

## 2.1　XR：打破真实与虚拟环境的界限

XR 是包括 VR、AR、MR（Mixed Reality，混合现实）等多种技术在内的综合性技术。因此，它能够集合这些技术的优势，打破虚拟与现实的界限，为人类构建起由现实世界通往虚拟世界的“桥梁”。

### 2.1.1 XR：多种交互技术的集合

XR涉及多种交互和3D展示技术，是元宇宙底层支撑技术中最重要的一环。

VR能够给用户提供一个完全虚拟的世界。通过VR头显，用户能够进入一个虚拟的三维场景中，获得拟真的沉浸式体验。同时，借助配合VR头显使用的手柄、手套、动作捕捉等设备，用户可以自由地在虚拟场景中进行互动。VR是元宇宙海量数据连接的重要组成部分，也将改变人与人之间沟通、社交和工作的方式。

AR指的是将虚拟内容导入现实世界，在现实世界中呈现出立体、拟真的虚拟人物或场景。例如在手机AR的应用中，摄像头会抓取现实图像和三维模型，在现实场景中形成一个虚拟的立体效果，带给用户更多的真实感。借助VR设备，用户进入的是一个由计算机模拟的虚拟世界。而AR和VR不同，AR为用户提供的是一种与现实世界互动的体验。用户体验的设计是AR发展过程中的重要挑战。要想覆盖更多的用户群体，AR设备就需要简化，并且使用效果应十分直观，能够让用户轻松地发现叠加在现实世界中的虚拟内容。

MR指的是虚拟世界和现实世界融合后产生的新的可视化环境。在这个环境下，真实实体和虚拟实体能够共存，并且能够实时交互。在混合现实的环境里，当用户身处公园时，不仅能够伸手触碰到虚拟的花朵，还能够真实地闻到花香。同时，用户也可以对自己的生活环境进行定制，自由地在现实世界里叠加虚拟景象。

而作为以上技术的结合体，XR 能够更真实地显示虚拟场景，用户能够和虚拟场景中的事物进行多样化的立体交互。借助多样的 XR 设备，用户可以看到虚拟的三维场景和虚实相融的三维场景，并且能够和其中的事物进行自由交互，获得更多的沉浸感。

### 2.1.2　虚实交汇，叩响元宇宙的大门

XR 无疑是进入元宇宙大门的钥匙。依托于 XR 技术，人们不仅能够以虚拟数字人的形象进入元宇宙，还能够在其中进行自由交互。在 XR 技术出现之前，互联网社交需要依靠文字、图片和音视频实现，这种简单的信息交互并不能够替代线下的真实社交，XR 技术的出现则能够实现真实场景与虚拟场景社交的融合。

XR 技术的出现，让虚拟与现实的结合成为可能。AR 技术可以使虚拟形象在现实世界中展示，VR 技术则能够让人们以虚拟化身进入虚拟世界，而 MR 技术能够将 AR、VR 结合，将人们带入一个亦真亦幻的世界中。

基于 XR 对于元宇宙的重要作用，很多企业都在从这方面入手积极布局元宇宙。华为公司持续研发 XR 产品，发布了 XR 芯片平台，推出了集成 GPU（Graphics Processing Unit，图形处理器）、NPU（Neural-network Processing Unit，嵌入式神经网络处理器）的 XR 芯片和基于该平台的 AR 眼镜。此外，苹果公司也加强了在 XR 领域的研发和收购。2021 年 6 月，苹果公司提交了 VR/AR 的相关专利申请，致力于研发新产品。此外，苹果公司也收购了一

些 AR 设备、VR/AR 技术企业。

未来，随着 XR 技术的持续研发、升级，虚拟与现实的界限将被进一步打破，进入虚拟世界的入口也将更多，实现虚拟与现实间的更深层次的连接。

### 2.1.3 GPU 共享虚拟化支持 XR 发展

GPU 即计算机中的重要处理器——图形处理器。它由 NVIDIA 公司推出，能够进行高速的浮点计算和并行计算。而随着元宇宙的高速发展，在 3D 图形与图像渲染、AI、并行计算等领域，人们对 GPU 的需求也在不断增长。

特别是需要大规模 GPU 算力支持的技术，往往对 GPU 的性能有着极高的需求。例如 XR 技术由于需要支持多种功能，如 3D 图像绘制、数据计算等，它需要 GPU 能够优化资源调度。因为如果 GPU 资源的应用场景和功能发生变化，它的物理服务器必须重置，匹配新的场景或功能，这通常需要很长时间。所以云计算平台要对 GPU 资源进行高效的分配调度。

而云计算平台支持资源分配调度的基础是虚拟化技术。但是由于版权保护以及 GPU 供应商水平的参差不齐，传统的虚拟化技术不能够直接用于虚拟化 GPU，因此 GPU 共享虚拟化成为近年来很多企业研究的重点。

2008 年，VMware 公司研发出的 VSGA 技术是对 GPU 共享虚拟化的首次尝试。2012 年，英伟达推出了 VDX K2，这是虚拟化 GPU 首次公开问世。2015 年，英伟达在 VMworld 2015 虚拟化大会上推出了优化后的 GRID 2.0 虚拟化 GPU，而 AMD 则在虚拟化大会上推出了 GPU 虚拟化方案——AMD Multiuser GPU。这款方案能够显著加速 XR 技术的开发以及 XR 设备的应用，优化元宇宙场景图像渲染虚拟化展示。

自 2018 年以来，随着 GPU 共享虚拟化技术的不断成熟，GPU 虚拟化将为 XR 技术打开元宇宙的大门，为与元宇宙建立连接提供更有力的支持。

## 2.2 游戏引擎：创造虚拟空间的重要工具

在元宇宙中，可交互的实时 3D 将成为主流。因为它能够带给人们沉浸式的体验，更加具有吸引力，其内容也更加丰富。但是 3D 场景会产生海量数据，这就需要强劲的引擎予以支持。而实时 3D 引擎就是最合适的工具，它能够支持 3D 内容的实时交互与渲染。

### 2.2.1 赋能游戏厂商，打造 3D 写实的虚拟世界

游戏引擎是典型的实时 3D 引擎，同时也是一种图形引擎。当前的两大主流游戏引擎分别是 Epic 公司的 Unreal 虚幻引擎和 Unity 公司的 Unity 3D 引擎，它们都是基于计算机图形学的图形引擎。

Unreal 主要支持 PC 和游戏主机，而 Unity 主要支持智能手机等移动设备。它们能够作为游戏创作工具与运行控制器，在虚拟世界中构建各种场景、形象等，是虚拟世界运行的核心动力。

在搭建虚拟场景时，游戏引擎需要解决两个难点，分别是对物理规则的模拟和对光影色彩的高度还原。在这方面，游戏引擎也在不断地升级迭代，展现更真实的实时渲染效果。例如 Epic 公司始终致力于更先进的游戏引擎的研发，并在 2021 年 5 月推出了抢先体验版的 Unreal 虚幻引擎 5，正式版本于 2022 年 4 月上线。升级后的 Unreal 引擎在实时渲染方面的能力有了进一步提升，所

创造出来的场景也更加真实。

同时，借助搭载的动态全局光照解决方案，虚幻引擎 5 能够对光照变化做出实时反应，并且无须专门的光线追踪硬件。在该技术的支持下，当创作者改变场景中的日照角度时，系统也会实时调整场景中的光影效果，使场景始终真实自然。

但是对于游戏厂商来说，游戏引擎虽然专业却始终受限于硬件算力，难以充分利用云计算和边缘计算来提供高品质的 3D 交互内容。而且在非游戏领域，例如产业互联网领域，也很难起到有力的支撑作用。同时由于架构灵活性不足，开发人员的水平要尽可能地高。

因此，游戏引擎仍然需要迭代。若想要促进元宇宙的虚实结合，拓展在非游戏领域的应用，元宇宙就需要搭载第三代“图形 + 图像”双向驱动引擎。第三代游戏引擎将继续支撑 3D 虚拟世界的构建。

### 2.2.2　赋能用户，打造个性化的虚拟内容

个性化的虚拟内容是元宇宙发展的土壤，只有内容足够丰富，才能够持续吸引新的用户和行业进入元宇宙，实现元宇宙的生态构建与优质内容递增，保证元宇宙的边界能够持续扩展。

虽然目前元宇宙各领域的内容创作依然以专业创作者为主，但是 PGC（Professional Generated Content，专业生产内容）的产能有限，无法匹配用户消耗速度，所以虚拟内容的产出必须依赖 PGC 和 UGC（User Generated Content，用户生产内容）共同创作。

但想要创作出沉浸式、可互动的虚拟内容，对于普通创作者而言并非易事。因为任何创作都需要依赖游戏引擎，但是游戏引擎的研发门槛和成本都很高，而且普通创作者难以通过简单操作实现理想的高阶效果。而更加灵活、操作简单、成本低的 3D 游戏引擎，能够使普通创作者进行大规模、快生产的创作成为可能。

以 Roblox 为例，其为用户提供了简易的游戏引擎，使得用户可以轻松地搭建虚拟空间，设计游戏的玩法、道具等，制作相对简单的游戏。虽然一些人认为 Roblox 中的很多游戏有些粗糙，内容也相对简单，但不可否认的是，Roblox 提供的简单易用的创作工具，让更多低龄用户能够参与内容创作中来，Roblox 也实现了内容的爆发式增长，形成了多样的内容生态。

总之，低门槛的游戏引擎技术是吸引用户创作、搭建 UGC 生态的重要工具。以 UGC 生态打造 UGC 社区，更能形成元宇宙的生态雏形。

## 2.3　网络传输：优化传输网络，赋能连接场景

网络传输的质量与效率对于元宇宙的构建至关重要。如果用户需要花费很长时间才能进入元宇宙，在元宇宙中的交互有网络延迟，那么用户的沉浸式体验自然会大打折扣。优化网络传输质量，能够对人与场景的连接进行更好的赋能。

### 2.3.1　5G 关键技术提升网络性能

当前许多元宇宙游戏都存在一个通病，那就是网络延迟。很多用户在使用 VR 设备的时候都会发现自己在现实世界中的动作与虚拟世界中的动作不同步，或者画面延迟率较高，一栋房子可能只会显现出半截墙体，这些情况都会影响到用户的沉浸式体验。

以上问题体现出了 4G 网络在承载力和稳定性方面的缺陷。而 5G 具有比 4G 更优越的网络性能，能够为元宇宙提供更优质的网络支持。具体来说，相比 4G，5G 具有 3 大优势，分别是高速度、低时延和大宽带。

高速度指的是相比 4G，5G 在速度上有了很大提升。从理论上来说，5G 的传输速度比 4G 大约快百倍，能够轻松实现全景视频传输，不仅图像更加清晰，画面也更加流畅。这意味着，用户在体验虚拟世界时存在的卡顿、闪退等问题将得到有效解决。

低时延指的是 5G 能够将 4G 约 20ms 的时延降低至 1ms，数

据几乎可以实现实时转化。时延的降低能够大幅改善用户在虚拟世界中的体验，当用户与其中的其他人或物进行交互时，能够更快地获得反馈。

5G的大宽带指的是，相比4G，5G支持同时接入更多设备，并为这些设备提供更稳定的网络。以往，在4G网络中，如果同时接入过多设备，设备的运行就会变得卡顿。而5G在网络宽带方面的功能更强，允许更多的设备同时运行，避免了网络拥堵导致的卡顿问题。

依托以上3个优势，5G能够提供性能更优的网络，这也为万物互联奠定了基础。在将来，手机、电脑等终端不再需要连接Wi-Fi，而是一直处于联网状态，能够更好地满足人们随时随地上网的需求。同时在万物互联的场景中，人们也能够自由地穿梭于虚拟世界和现实世界中。

### 2.3.2 5G与多技术融合，突破技术发展瓶颈

很多人对于5G的能力一直没有一个清晰的概念，而当5G与多种技术融合之后，真正地应用到人们的日常生活当中，人们就可以对5G的优越性有一个较直观的感受。以VR为例，传统4G的低宽带和高时延一直限制着VR技术的发展，这导致VR相关的产业也一直无法实现真正的规模化应用。而5G的出现则能够很好地弥补VR的技术缺陷，助力其产业发展。

此前，受限于网络技术，VR设备往往会存在画面不够清晰、卡顿、延迟等问题，也有一些用户在戴上VR设备后会出现眩晕感，这些都是VR技术不够成熟的表现。而5G能够提供高速度、

低时延、大宽带的网络，能够有效缓解用户戴上 VR 设备后出现的眩晕感。同时 5G 也让 VR 设备中的数据传输变得更快，用户体验更加自然、流畅。

此外，在 VR 设备的成本方面，5G 也能够带来优化。当前的 VR 设备存在太重或价格太高等问题，而在 5G 应用后，5G 云服务能够将更多的计算任务上传到云端，实现 VR 设备的轻量化。同时，VR 设备的相关硬件的成本也会降低，更有助于 VR 设备的普及。

除了完善设备外，5G 也会推动 VR 设备在更多领域的应用。在“2021 世界 VR 产业大会”上，中国移动发布了虚拟 VR 生态系统合作体系、移动云 VR 平台等新应用，涵盖工业、医疗、教育等诸多领域；中国电信设置了 5G 云网能力区、云 VR 体验区等区域，以 5G 赋能 VR 项目；中国联通携 VR 滑雪机、VR 射击对战等创新应用亮相。三大运营商的实际行动表明了在 5G 的加持下，VR 技术将得到创新发展，引领元宇宙的发展方向。

### 2.3.3　网络传输技术迭代，6G 与元宇宙共同发展

5G 技术方兴未艾，6G 技术的愿景已经提出。6G 在 5G 的基础之上，提出了“万物智联，数字孪生”的愿景，希望在未来升级后的数字化技术能够创造出更多的智能体，互联网能够由单纯的人为互联发展为智能互联。元宇宙也将在此基础上，进一步推动现实世界与虚拟世界的融合，二者相互促进，实现共同发展。

在 5G 网络下，下载一部 1G 的高清电影大约需要 3s。而 6G 的传输能力可能会在 5G 的基础上再提升 100 倍，1 秒钟就

可以下载上百部高清电影。同时，网络延迟也将从 ms 级降到 μs 级。

6G 是通信、感知、计算融合的创新技术。目前，很多国家已启动了对 6G 的研究和探索。为什么要发展 6G？5G 难以覆盖所有陆地范围，并且地球上还有大面积的湖泊和海洋，这些都需要 6G 卫星通信来补充。6G 能够把陆地无线通信技术、中高低轨的卫星移动通信技术、短距离直接通信技术等融合在一起，解决通信、计算、感知等问题，打造覆盖陆地、天空、海洋的移动通信网。未来，6G 甚至可以覆盖全球，实现卫星通信“一星多用”“多网融合”等智能服务。

相比 5G，6G 能够为人们带来更加身临其境的体验，满足人们多重感官、多种情感的交互需求，还能够广泛应用于娱乐生活、工业生产等领域，助力各行业的数字化升级。同时在 6G 的帮助下，更多现实中的场景得以在虚拟世界中复刻，最终形成一个平行于现实世界的数字孪生空间。

## 2.4　网络靶场：构建信息安全保障体系

随着信息技术的发展和 5G 的大规模应用，网络空间安全已成为世界各国关注的重点。在这方面，网络安全靶场作为网络空间安全验证、网络风险评估的基础设施，将成为构建信息安全保障体系的重要手段。

### 2.4.1　什么是网络安全靶场

网络安全靶场的定义有两种。一种是将其定义为一套模拟环境，即聚焦于网络安全靶场能提供什么，将网络安全靶场定义为为了满足特定要求所进行的一种环境的模拟。另一种是将其定义为一个应用服务平台，可实现应用程序的开发、流程的搭建和技术的应用。相比而言，将网络安全靶场定义为应用服务平台更为贴切。

网络安全靶场作为应用服务平台可以在多样的场景中应用，主要包括 6 个方面，如图 2-1 所示。

图 2-1　网络安全靶场的应用场景

1. 安全教育

当前，许多毕业生都缺乏实践经验。基于此，网络安全靶场可以为毕业生提供实践平台，让他们获得实践经验。当前，世界各地的许多大学已将网络安全靶场视为优化教学效果的重要手段。

2. 安全竞赛

许多国家都举办网络安全竞赛或参与国际竞赛，此类竞赛通常采用 CTF（Capture The Flag，夺旗赛）、AWD（Attack With Defence，攻防对抗赛）等形式。网络安全靶场能够改变此类竞赛的组织方式，支撑更多大型竞赛活动，进行更真实的仿真模拟。

3. 安全研究

在安全研究方面，网络安全靶场可用于检测新出现的网络攻击方法。其能够通过仿真恶意软件构建完整的攻击链，生成应急处置方案。

4. 安全测试

网络安全靶场在安全测试方面的应用十分普遍，即通过对仿真系统和应用程序进行测试，以受控方式对其进行安全攻击，识别潜在漏洞。

5. 网络弹性能力验证

网络弹性能力是指一个机构响应安全事件或网络攻击的同时，保持其核心业务运行的能力，是在网络系统中存在不利条件、压力、攻击或危害情况下的一种预测、承受、适应能力。网络安全靶场提供了如何有效集成人员、流程和技术来保护关键信息、服务和资产的能力，可以大幅提升机构抵御网络攻击的网络弹性恢复能力。

6. 能力测评

网络安全是跨多个行业的技术领域，需要综合的知识、技能和能力，不同人员的技能差距非常大。对于机构而言，选择合适的技术人员非常有必要，因此需要一种有效的方法来评估和选择合适的人员。而网络安全靶场可基于理论考试、实际操作、任务完成情况等指标中的一项或多项对相关人员进行能力测评。

由此可见，网络安全靶场能够面向各类用户，提供涵盖各领域网络场景及其典型应用的安全研究和试验保障环境，具有网络空间安全体系搭建、网络安全防御技术演示、体系化安全性评估等能力，是保证网络安全的核心能力。

### 2.4.2　孪生仿真网络安全靶场技术体系

当前，网络安全靶场正在向全频谱网络空间靶场的方向发展。全频谱网络空间靶场指的是包含丰富网络空间内容的数字靶场，包括互联网、卫星网、电信网、物联网等所有的网络通信类型，以及由此涉及的计算机、移动设备、传感器等所有终端类型。

在人工智能、物联网、数字孪生等新兴技术不断发展的今天，全频谱网络空间靶场有望实现对整个现实世界的模拟，将现实世界映射至全频谱网络空间靶场，以完成网络安全技术验证、网络风险评估等试验。

基于孪生仿真网络安全靶场，更容易实现全频谱网络空间靶场。孪生仿真网络安全靶场采用数字孪生技术、虚拟化技术实现对现实物理设备和网络的数字模拟，基于软件定义层次化架构将软件逻辑与硬件资源充分解耦，赋予其软件定义能力，通过场景定义、应用定义等灵活部署覆盖全行业场景的网络安全靶场。

从系统架构上来看，孪生仿真网络安全靶场包括基础设施、平台服务、安全服务 3 个层次。

基础设施层能够对硬件资源、虚拟化资源、网络、操作系统等进行管理，将物理资源和虚拟化资源池化，供上层软件定义调度编排和映射。同时，其提供分布式存储管理支撑上层大数据存储；提供网络编排支撑上层应用建立特定场景的网络环境；提供操作系统支撑，屏蔽各个操作系统差异，使上层无须因操作系统不同而进行对应的定制开发。

平台服务层由基础平台和业务平台两部分组成。其中，基础平台主要提供技术和数据支撑，包括将数据读写分离，确保数据一致性和安全性；将功能开发与运维分离，提供软件部署、生命周期管理等。业务平台聚焦多业务应用，其以稳定性为第一要务，架构较为简单。业务平台能够实现应用与数据的分离、服务与实现细节的分离。上层服务通过组合各个业务功能形成服务交付能力。

安全服务层通过组合各种业务功能，对外提供相应的孪生仿真网络安全靶场服务，包括各种安全实训、安全竞赛、安全测评、安全防护等服务。

同时，孪生仿真网络安全靶场还具有多个子系统。

1. 基础设施子系统

基础设施子系统主要负责资源管理、资源调度、服务编排，以及主机操作系统封装支撑等。其能够聚集各种硬件资源，包括服务器资源、存储资源、网络资源、设备虚拟化资源，构建资源池，并对资源进行管理、适配和编排，提供基础设施服务。

2. 基础平台子系统

基础平台子系统主要负责各类应用数据和支撑数据的接入，并实现数据库、知识库、标准服务的统一化。其提供上层应用所需的基础数据和业务数据管理服务，同时调度基础设施层的各项资源，对业务平台提供数据及业务支撑。

3. 靶场管理子系统

靶场管理子系统包括场景管理系统、任务管理系统、实训管理系统 3 个部分。其中，场景管理系统主要负责靶标场景构建、场景定义及场景运维工作。任务管理系统主要负责任务计划、编排、监控以及任务回放工作。实训管理系统主要负责课程体系构建管理、题库管理、考试管理、学习进展监控以及学习效果评估等工作。

4. 综合评估子系统

综合评估子系统包括数据采集分析系统、评估管理系统、态势感知系统 3 个部分。

数据采集分析系统主要根据采集策略对节点、流量数据进行采集，并根据对应规则和威胁情报对收集的数据进行横向关联分析，产生告警事件，提取关联的所有证据链信息。

评估管理系统主要根据任务关联的评估指标，以及数据采集分析子系统的分析结果，依据内置规则，如目标重要程度、攻击复杂程度、攻击破坏程度等，在训练过程中实时给出得分，并在训练结束后给出评估报告，对总体情况及参训人员的表现做出综合评价。

态势感知系统主要以沉浸式的方式展现攻防的全过程，从视觉、听觉、感觉等方面影响用户，让用户有更为直观的感受。该系统包括场景 3D 呈现、威胁展示、智能预测展示、过程状态展示和结果统计展示。

5. 智能攻防子系统

智能攻防子系统包括威胁管理系统、流量模拟系统、防御管理系统 3 个部分。

威胁管理系统能够基于特定行业目标系统，构建威胁攻击模型，提供威胁方式、威胁场景和威胁任务的管理功能。同时，其能够根据目标自动识别网络拓扑，获取网络信息，扫描系统漏洞，利用漏洞组合既有的攻击工具及攻击手段进行自动化攻击，并根据防御方对目标系统的防御加固改变攻击方式，持续丰富攻击手段。

流量模拟系统主要是对网络中的业务流量、服务请求和用户行为进行模拟，增强原型环境的仿真度。流量模拟系统支持同时进行多个实例场景，每个场景可以部署自己的流量发生器和行为模拟策略，相互隔离，互不干扰。

防御管理系统能够对特定靶标系统建立环境资源映射，基于既有的防御策略库，执行对应靶标系统的自动化防御部署，并实施防御状态的监控，以此构建自动化攻防演训靶场，满足不同的应用需求。

6. 业务应用子系统

业务应用子系统即各种网络安全业务应用服务系统，包括流量审计、漏洞扫描挖掘、应急响应、恶意代码检测、安全防护等，用于在对应行业靶标场景中部署、构建完整的安全体系。

7. 安全服务子系统

安全服务子系统主要负责组合各个子系统提供的功能及服务，统一对外发布特定安全服务，包括工控网络靶场、电信网络靶场、网络安全实训、网络安全竞赛、网络安全测评、网络安全防护服务等。

### 2.4.3　孪生仿真网络安全靶场行业应用场景

从应用场景上来看，孪生仿真网络安全靶场在电信行业、电力行业、智能制造、物联网等多个行业都存在巨大的应用前景。下面以电信行业为例进行讲述。

电信行业仿真靶场基于电信标准通信协议、虚拟网络仿真技术等进行构建，以数字孪生的方式实现数据通信业务流程模拟。靶场提供电信技术理论教学、攻防实训等课程，模拟多厂家、多设备、多拓扑业务场景，支持网络业务流量仿真、数据转发、高级路由策略部署等功能，是网络攻防演练和网络新技术评测的重要设施。

电信行业仿真靶场主要具有以下几个功能。

（1）靶场环境搭建：电信行业仿真靶场内置主流运营商级拓扑，支持靶场环境自定义搭建；提供管理平面、控制平面和转发平面安全防御训练所需要的业务环境及其管理功能。

（2）业务流量仿真：支持网络主流协议报文、业务流量、攻击流量的仿真；支持用户终端行为的仿真；支持网络背景流量引入分析模拟的搭建，还原攻击交互的过程。

（3）检测分析实训：支持对业务流量、协议报文的捕获，深度解析报文。流量分析可以检测网络流量中恶意报文活动的痕迹，重点分析恶意代码、特种木马在信息搜索、信息获取、信息转移、信息发送等各个环节中的行为特征，设计行为特征模型，形成行为特征库，用于对恶意代码进行自动检查和分析，并将采集到的信息进行告警提示。

（4）靶场态势展示：支持可视化展示靶场核心业务，包括靶场拓扑、链路状态、协议状态、网元状态、攻防效果、实训进展等多维度可视化展示。

（5）电信业务仿真：支持电信级业务系统仿真，包括 AAA（Authentication 认证、Authorization 授权、Accounting 计费）业务、DNS（域名系统）业务、时钟业务、IPTV（交互式网络电视）业务、综合网管业务等。

同时，电信行业仿真靶场的特点包括以下几个方面。

（1）多拓扑支持：灵活支持运营商级 IPMAN（IP 城域网）、IPRAN（无线接入网）以及海外运营商 Metro-E（城域以太网）网络仿真，内置主流典型拓扑，支持自定义拓扑仿真定义。核心拓扑可独立组建靶场，也可以集成端到端全业务流程靶场。

（2）多协议支持：集成路由器、交换机、EPC（4G 核心网络）、IMS（IP 多媒体子系统）等重要网元业务功能，支持 IPv6/IPv4 双协议栈，支持 OSPF（开放式最短路径优先）、ISIS（中间系统到中间系统）、BGP（边界网关协议）、MPLS（多协议标签交换）等关键业务仿真，支持仿真 LTE EPC（分组核心网）的系统架构和系统通信流程，遵循 3GPP（第三代合作计划）R5 ~ R7 标准 IMS 协议。

（3）多攻击场景：可以根据防御课程内容构建地址欺骗、重放攻击、畸形报文、网络病毒、消息篡改、流量泛洪等一系列的安全攻击场景。攻击点覆盖路由器、交换机、EPC、IMS、基站等电信级关键网元。

（4）多课程支持：提供丰富的移动通信理论基础、数据通信理论基础、协议解析、攻防实训等课程。

当前，在孪生仿真网络安全靶场应用方面，已经出现了不少聚焦多行业应用的安全靶场，博智孪生仿真网络安全靶场就是其中的代表。博智孪生仿真网络安全靶场可基于人工智能技术参与演练全过程，进行状态跟踪和评判，提供全面的安全培训、安全研究、安全测试及安全测评等功能。

此外，博智孪生仿真网络安全靶场基于云原生技术进行交付部署，具备多种应用服务集成及弹性的资源调度能力，并将以此构建靶场即服务的生态，持续为不同行业用户提供便捷的网络安全靶场服务，为全行业网络安全服务提供强大支撑。

## 2.5 区块链：为元宇宙价值传递和平台联合奠基

区块链是元宇宙的核心技术之一，它为元宇宙的价值传递和平台统一奠定了基础。同时，它也是构建元宇宙经济体系的重要基石。本节将从区块链的核心要素拆解和其作用两方面，深入解析区块链的运作机制。

### 2.5.1 关键技术详解：拆解区块链的 4 个核心技术

区块链是构成元宇宙去中心化特性的基础，而它之所以能够使元宇宙具备去中心化这一特性，保护元宇宙中的交易安全，是因为其具有 4 个核心技术，如图 2-2 所示。

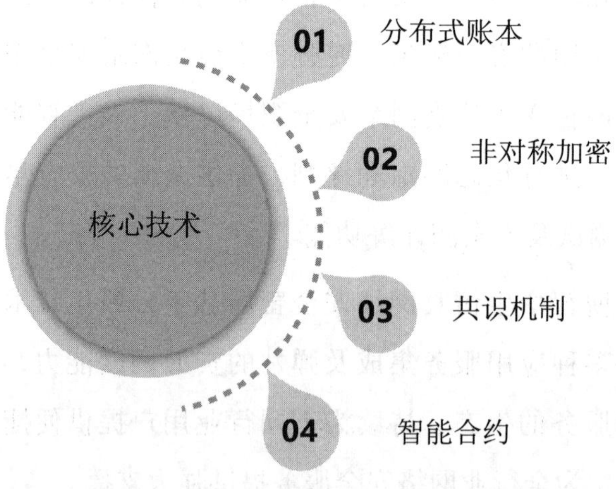


图 2-2 区块链的 4 个核心技术

1. 分布式账本

分布式账本是一种数据存储技术，是一种去中心化的数据记录方式。分布式账本在本质上是一种数据库，各方参与者可以得到一个真实账本的副本，而且这个副本是唯一的，受共识机制的制约。其最大特点就是可以在不同的参与者之间进行分享、复制和同步，整个过程没有第三方的参与。

由于分布式账本的每一个记录都对应着一个时间和一个密码签名，所以这种账本记录的交易都是可追溯的。如果要改动分布式账本中的数据，则需要得到所有参与者的同意，而且账本中任何一处的改动都会在其他副本中体现出来。

2. 非对称加密

区块链中的数据虽然是高度透明的，但是关于用户的信息却是高度加密的，只有得到用户的授权，才能得到用户的信息，这样的非对称加密保证了用户的安全和隐私。非对称加密包含 2 种密钥，一种是公开密钥，另一种是私有密钥，即公钥和私钥。

公钥是公开的，所有人都能得到，但是私钥却是由用户自己保管的，不会进行公开。除了用户本人，其他人是无法从公钥推算出私钥的。另外，用公钥对其中一个私钥进行加密后，只能用相应的另一个私钥才能解密。

在匿名交易方面，非对称加密也可以发挥作用。交易需要区块链地址作为输出地址或输入地址，而区块链地址来源于非对称加密算法，具有很大的空间，这就意味着地址之间出现重复的概率非常低。这种低重复率就使得每个用户都可以在交易中生成不同的区块链地址，增强交易的匿名性。

3. 共识机制

共识机制的主要作用是决定区块链节点的记账权力，可以有效保证区块链上的所有节点之间的相互信任。一般来说，区块链是依据时间顺序储存数据的，可以支持多种共识机制。共识机制可以让区块链中所有节点都储存相同的数据。

4. 智能合约

智能合约是一种可信的数字化协议，能够保证合约的高效性和可靠性。在交易中，双方在订立智能合约时编入相关的交易规则，智能合约便可以实现自动执行。同时，交易的流程、任务、支付等都会留下数字记录和签名，可以被识别、验证、存储和共享。智能合约可以解决交易中的信任问题，保证交易的安全和高效。

依托以上 4 种技术，区块链形成了去中心化、可追溯、公开透明的分布式记账机制，成为元宇宙中交易和经济系统运行的技术基础。区块链能够在很大程度上保证交易的安全，这能够为元宇宙中的交易提供安全保障。当两个人在虚拟世界中进行线上交易时，交易双方的隐私信息不会因为交易而泄露，同时在智能合约的约束下，一旦达成可交易的条件，交易便会被自动执行，避免了交易一方毁约的风险。

在区块链技术的支持下，无论是人们在元宇宙中进行个人交易，还是企业在元宇宙中进行项目投资，都能够在安全、稳定的系统中进行。有了区块链的安全保障，元宇宙中才能够逐渐建立起稳定的经济体系。

### 2.5.2　重要作用：提供元宇宙去中心化运行规则

传统的互联网具有中心化特性，因此，即使用户可以在平台中获得数字身份并拥有虚拟数字资产，但是其数据仍然存在被泄露的风险。例如，用户在某网络游戏中充值了大量现金，购买了大量虚拟数字资产，但是游戏合约却规定用户购买的虚拟数字资产解释权归游戏公司所有，用户仅拥有使用权。一旦游戏停止运营或游戏公司破产，那么用户的虚拟数字资产就会打水漂，用户不能获得任何补偿。

而区块链能够保障虚拟资产的安全。区块链可以通过去中心化的记录，明确虚拟资产的归属权，保障用户的虚拟资产权益不被平台所侵犯，同时支持用户自由、安全地进行交易。元宇宙作为一个体量庞大、不断扩展的数字生态，其经济系统也十分复杂。相比风险较大的中心化系统而言，去中心化的经济系统更符合元宇宙发展的需要。

一方面，区块链能够提供虚拟资产的价值认证，NFT（Non-Fungible Token，非同质化代币）能够明确虚拟物品的价值并助力虚拟物品的交易，使虚拟资产能够在元宇宙中自由流通。NFT 是存储在区块链上的数据单元，具有不可篡改且独一无二的特点，其可以实现虚拟物品的资产化。

2021 年 3 月，数字艺术家 Beeple 的 NFT 作品《每一天：前 5000 天》在佳士得拍卖行以约 6935 万美元的价格成交，刷新了数字艺术品的拍卖纪录。此次拍卖引起了巨大反响，让更多的人认识了这位艺术家，也证明了艺术家们可以通过 NFT 这种全新的方式进行作品交易。事实上，不只是艺术品，现实生活中的汽车、土地等很多实体资产都可以通过 NFT 转化为数字资产。

另一方面，区块链能够为元宇宙提供公开透明的运行规则。元宇宙需要在一定规则的制约下运行，而如果规则不透明，则会存在暗箱操作的风险，损害用户的权益。区块链能够有效解决这一问题。区块链中的交易不依赖任何中心机构，而是通过智能合约的方式进行，只要交易双方事先约定好交易规则，一旦履行合约的条件被触发，交易就会被自动执行。同时，区块链中的交易是公开透明的，交易方可以随时查看交易进度，追踪交易流程。

总之，在区块链的支持下，元宇宙中能够搭建起去中心化的经济系统，保证各种交易的公平公正、安全可靠，从而保障元宇宙经济的平稳运行。

### 2.5.3 区块链 + 隐私计算：实现更有效的隐私保护

元宇宙中存在海量的数据，包括用户的身份数据、行为路径、资产数据等，这些隐私数据是支撑元宇宙持续运转的重要底层资源。为了保证用户隐私数据不被过度收集和利用，元宇宙中必须有一套完善的技术方案来实现数据管控，而在这方面，隐私计算将成为助力元宇宙中隐私保护的关键技术。

什么是隐私计算？相关专家将其定义为："面向隐私信息全生命周期保护的计算理论和方法，是隐私信息的所有权、管理权和使用权分离时隐私度量、隐私泄露代价、隐私保护与隐私分析复杂性的可计算模型与公理化系统。"从范围上来看，隐私计算是一套包含数据科学、密码学等领域的技术体系，以保护数据安全为基础，实现数据的计算和分析，从而达到促进数据要素流通、提取数据价值的目的。

隐私计算与区块链的结合将实现彼此的双重赋能。一方面，区块链上的数据需要采用隐私计算技术进行保护；另一方面，区块链可以成为隐私计算协作中的关键枢纽。

当前，区块链可以凭借不可篡改、可追溯、可共享等特性实现数据的安全传输和安全访问，而与隐私计算技术融合后，区块链技术能够更大程度地发挥效应，实现数据要素的循环流通并体现出更大价值。此外，二者的结合还能够在保护数据隐私的同时增强隐私计算过程的可验证性，从而实现更广泛的数据协同。

总之，隐私保护技术将成为赋能区块链的重要技术，协助区块链建立起更加安全、可信的网络，更大限度实现用户隐私数据保护。

## 2.6 人工智能：助力元宇宙智能发展

元宇宙作为人类理想中的生活空间，其内容必定是智慧的、智能的，而这离不开人工智能的助力。人工智能不仅能够为元宇宙提供内容，例如元宇宙城市中的绿化带，还能够对用户生产的内容进行审查，确保用户发布的内容健康无害。

### 2.6.1 内容生产智能性：AI 自动产出元宇宙内容

实际上，用 AI 作为产出补充这一方法在网络游戏中早已应用开来。作为元宇宙的前身，很多开放世界游戏的开发商都十分注重游戏版图的打造。例如贝塞斯达工作室开发的游戏《上古卷轴Ⅴ》为用户提供了约 15 平方公里的虚拟世界；而在 Rockstar 开发的游戏《GTA 5》中，用户身处的城市“洛圣都”的面积超过了 80 平方公里。广阔的虚拟空间提高了用户探索的自由度。

同时，一些游戏开发商不断扩大游戏版图的行为也受到了用户的诟病，原因就在于游戏版图虽然越来越大，但新的内容却很少，游戏场景、素材、脚本设计等严重重复。在这种情况下，地图上一个个等待探索的“问号”非但没有激起用户探索的兴趣，反而成了很多用户“弃游”的理由。

深究其背后的深层原因，则是游戏开发商 PGC 模式产能严重受限，内容供不应求。一方面，游戏开发商内容生产能力有限，生产内容的速度难以追上用户消费内容的速度。另一方面，游戏中的脚本、美术和音乐资源需要在一定程度上进行重复利用，游戏开发商才能够更好地把控游戏开发成本。

这一现象也能够映射元宇宙中的内容生产问题。如果元宇宙中的内容只由元宇宙平台提供，那么元宇宙就难以形成多元的内容生态。为了丰富元宇宙中的内容，一些平台开放了 UGC 模式，让用户参与到元宇宙的内容生产中。

但从企业或平台的角度来看，还有一种内容生产方式也不容忽视，那就是 AIGC（AI Generated Content，AI 生成内容），即借助 AI 实现规模化、自动化的内容生产。AIGC 在解放大量生产力的同时也能够生成更多合规内容，节省监管成本。

从赋能创新内容方面来看，AI 通过对海量数据的分析和学习，并基于强大的算法和固定的程序，能够自主、快速创作出新的内容。例如，在太空冒险主题游戏《无人深空》中，虚拟环境、太空船、NPC（Non-Player Character，非玩家角色）、音乐等都是 AI 生成的，大大缓解了游戏团队的内容生产压力。

AI 能够大幅提高元宇宙内容的创作效率。从元宇宙中的建筑、物品到整个虚拟环境，都可以通过 AI 自动生成。此外，AI 还能够赋能 UGC 创作。在 AI 的助力下，用户在创作过程中只需要输入关键的内容元素，AI 便可以自动生成内容并补充细节。

未来，随着 AI 的发展与完善，其将会在元宇宙内容创作方面发挥巨大作用，为元宇宙提供多样的、动态可交互的内容，从而弥补元宇宙内容消耗与供给的缺口。

### 2.6.2 内容审查智能性：AI 审核取代人工

当前很多元宇宙平台都开放了用户创作内容的模式。例如在《我的世界》元宇宙沙盒游戏中，用户可以使用游戏平台提供的工具，自行创作地图、道具等内容，并可以将保存后的内容发布到游戏平台中，供其他用户使用。但并不是所有内容都能够被公开发布出去，要经历多个层级的审核，以确保内容健康，没有有害信息。如果审核不到位，导致有害信息流入公共平台，那么平台可能会面临处罚甚至封禁的风险。

在元宇宙中也是如此。元宇宙中的内容更加丰富，无论是 PGC、UGC，还是 AIGC 模式，都有产出违规内容的风险。如果不对这些内容进行严格的审查，那么在良莠不齐的内容生态中，用户也难以获得好的体验。

对于入局元宇宙的企业来说，将海量的内容交由人工审核是不现实的。实行人工审核意味着企业需要招聘很多审核人员，付出较高的审核成本。同时，虽然有统一的审核标准，但不同的审核人员对于审核标准可能会有不同的主观判断，这使得不同的审核人员对于同一个内容可能会有不同的审核结果。为了规避人工审核的缺陷，同时满足元宇宙海量内容的审核需求，以 AI 为依托的智能审核将成为未来元宇宙内容审核的主要形式。

当前，已经有一些企业在智能审核方面做出了探索。例如，上海极链网络科技有限公司结合 AI 技术，推出了智能内容安全审核引擎“神眼系统”。面对海量的互联网信息，神眼系统能够极大解放人工，提供更加准确、高效的 AI 内容审核服务，助力网络形成安全合法的良性生态循环。

神眼系统支持文本、图片、视频等多类型内容的审核，借助AI算法和长期训练的审核模型，其审核的准确率可达98%。同时，神眼系统能够紧跟热点，同步辨识各种人物，涉及敏感人物时，可快速屏蔽相关视频。此外，神眼系统能够根据客户的不同审核需求和应用场景进行灵活部署，为客户提供更好的审核服务。

未来，在元宇宙的发展和更多内容审核需求爆发的刺激下，将会出现更多、更智能的AI审核系统。这些审核系统能够在元宇宙信息爆炸的时代提供强大的智能审核支持，从而打造出更加安全、健康的网络环境。

## 2.7 物联网：实现元宇宙的随时进入

物联网是在互联网的基础上实现万物互联的网络，它通过将各种设备、传感器与网络进行结合，构成一个人、机、物随时随地都能够互通的网络。所以物联网能够满足人类随时进入元宇宙的需求。

### 2.7.1 实现人与物、物与物的泛在连接

物联网能够将人与物、物与物进行没有障碍的连接，例如我们还在公司上班时，就可以在手机上的相关系统中打开家中的热水器或者关掉客厅的灯。这就是物联网在人们日常生活中的应用。物联网的无线通信模组能够使原本不能联网的设备实现联网，扩大了网络的连接范围，这是元宇宙不可或缺的技术支撑。

在物联网发展早期，无线组网协议是基于应用联网的需求打造的，当一家企业基于协议研发智能产品时，需要自主搭建应用逻辑。由于企业间使用不同的应用逻辑，不同企业生产的智能产品即使采用相同的协议也不能兼容。这大大降低了用户的使用体验。

而当前，去中心化的组网协议破解了不同品牌间产品不互联互通的难题，实现了物与物之间更广泛的互联互通。ADC（Ant Delete Center）协议是基于蚁群算法的去中心化组网协议，是一种

针对物联网应用研发的无线自组网通信协议。

该协议建立了标准化的应用逻辑，所有基于该协议的产品能够实现无缝兼容，这就大大降低了企业研发智能产品的门槛。ADC 去中心化组网协议具备以下 3 个特点。

（1）去中心化组网。中心化组网意味着流通、安装、调试等环节都会极度依赖于技术人员，同时，当中控出现故障时，整个系统也会随之瘫痪。去中心化组网不仅降低了对技术人员的依赖，也保障了系统的稳定性。

（2）超强的传输能力。在实用性上，ADC 去中心化组网协议能够实现更远距离传输，最远能够达到 500 米。同时，其支持采用多个通信频段，在传输能力上更具优势。

（3）跨网隔离能力。ADC 去中心化组网协议具有跨网隔离功能，能够实现互不串扰。

由此可见，去中心化组网协议能够搭建起覆盖范围更广、连接更多智能设备的物联网，更加契合元宇宙的建设需求。

### 2.7.2　5G+ AIoT，实现元宇宙智慧连接

元宇宙相关技术一直处在不断迭代和升级中，能够更好地满足用户对沉浸感体验的需求，但同时它们也向网络连接提出了新的要求。如果网络连接不能够匹配 VR 等技术的迭代速度，那么无论这些技术多么先进，能够带来多么沉浸式的体验，都无法落地。而“5G+ AIoT”（5G 人工智能物联网）能够整合边缘计算能力，为这些技术发挥作用提供更为有力的保障。

基于“5G +AIoT”技术，通信模组可以根据终端需求进行软硬件接口、开放平台等多方面的定制，帮助终端设备处理复杂的连接问题。这能够解决元宇宙在跨领域融合终端方面面临的连接难题。

元宇宙涉及不同的领域，其建设其实是一种“跨宇宙”的建设。对于物联网无线模组企业来说，连接多个端口的同时，打造智慧连接、突破多元通信是赋能元宇宙建设的关键。

作为业内知名的无线通信模组提供商，广和通推出了多种广泛适配于物联网终端的模组产品，同时融合 5G 技术，推出了具备高速度、大宽带、低时延等特性的 5G 模组和具备高算力的智能模组。这些产品可以助力终端设备实现智慧连接，推动元宇宙建设。

元宇宙的发展将赋能现实中的各行各业，同时实现技术交融。作为其中的关键要素，无线模组能够融合 AI、云计算、区块链、VR、AR 等技术，支持海量用户同时在线。在这方面，广和通不断推动智能模组产品升级，发布了 5G 智能模组 SC161。SC161 将 5G 与高算力处理器相结合，拥有超强的拍摄和图形处理能力，能够满足更高、更复杂的应用场景无线通信需求。

未来，各行业的虚拟化和元宇宙发展进程的加快，将会对智慧连接提出更高的要求。而随着元宇宙的发展，物联网无线模组也将释放更大的能量。

# 第 3 章　产业链现状：多环节助力元宇宙商业落地

虽然当前元宇宙依旧处于萌芽阶段，但是百度、谷歌、腾讯、微软等互联网企业早已在元宇宙市场中展开新一轮的布局与竞争，试图抢先培育出成熟的元宇宙产业链，在未来的竞争中抢占先机。未来，各环节之间的界限将逐渐模糊，元宇宙市场将聚焦产品、瞄准项目，各个企业将走向联合之路，助力元宇宙商业落地。

## 3.1　产业链搭建日渐完善

随着技术的不断成熟，各企业也纷纷开始布局元宇宙市场。企业布局元宇宙有着良好的政策基础，政府为元宇宙产业链的搭建与成长提供了足够的政策支持与保护。在政企联合的形势下，元宇宙产业链的范围也在不断扩大。

### 3.1.1　政策基础：元宇宙产业政策频出

元宇宙经济是数字经济中的中坚力量，很多元宇宙相关技术都与数字经济密切相关，例如数字孪生、人工智能、XR 等。因此，发展元宇宙产业被多地政府认为是数字经济的最佳切入点，多地政府对元宇宙经济都纷纷表示了认可和支持。

1. 上海

2021 年 12 月，上海市委经济工作会议表示，要“引导企业加紧研究未来虚拟世界与现实社会相交互的重要平台，适时布局切入”。这是我国地方政府对元宇宙的第一次正面表态。随后，12 月末，上海发布《上海市电子信息制造业发展“十四五”规划》（以下简称《规划》)。《规划》中表示，上海要前瞻布局量子计算、6G 通信、元宇宙等领域，支持元宇宙相关技术的攻关，鼓励元宇宙在公共服务、社交娱乐、工业制造等领域的应用。该政策表现了上海对元宇宙产业发展的积极引导。

2. 广州

2022 年 4 月，广州市黄埔区发布了《广州市黄埔区、广州开发区促进元宇宙创新发展办法》（以下简称《办法》)。《办法》为元宇宙专项扶持政策，聚焦元宇宙发展所需的人机交互、XR 等领域，推动元宇宙的产业化应用。

根据《办法》，黄埔区、广州开发区将引进并培育一批在元宇宙技术、平台搭建等方面具有领先优势的领军企业，并为其发放租房补贴、购置办公用房补贴等。同时，在人才引流方面，黄埔区、广州开发区将分类、分层对不同人才给予不同程度的补贴。

3. 厦门

2022 年 3 月，《厦门市元宇宙产业发展三年行动计划（2022—2024 年）》（以下简称《行动计划》）发布。《行动计划》中提出，厦门将以元宇宙发展机遇为契机，打造“元宇宙生态样板城市”。

按照《行动计划》，厦门将开展以下几项重点行动。

（1）基础研究攻关行动：积极推进研发工作和创新平台建设。

（2）应用场景构建行动：推进科研院所和企业的合作，打造元宇宙应用平台，推动虚拟数字人在城市管理、民生服务等领域的应用。

（3）企业引培发展行动：服务一批元宇宙技术研发领先企业，组建元宇宙产业联盟；加大对元宇宙领军企业的引入；引导企业探索元宇宙相关技术与应用，为企业开放应用场景。

（4）产业生态构建行动：积极推进元宇宙人才引入、投融资服务体系完善等方面的工作，提升行业配套服务水平。

（5）监管治理提升行动：对元宇宙应用进行规范与指导。

元宇宙的发展离不开政策的支持。在各地元宇宙扶持政策的支持下，企业的技术研发、应用实践等活动才能够更顺利地开展，元宇宙产业化发展才能够得到有力推动。

### 3.1.2　政企联合：元宇宙产业范围不断扩大

政府与企业在元宇宙发展方面并非割裂的状态，而是呈现联合发展、携手共建的趋势。在搭建元宇宙产业链的过程中，政府依托于企业的资金与技术，推进产业链的发展，而企业则凭借政府提供的政策支持，开发出更优质的产品与服务。

2021 年末，三亚市政府与网易签订了合作协议。根据该协议，网易将在三亚设立海南总部，建设元宇宙产业基地项目。

凭借多年的发展，网易在元宇宙技术、人才等方面已经有了较为深厚的积累。在VR、AR、人工智能、云游戏、区块链等元宇宙相关领域，网易拥有领先的技术水平，并已经推出了“瑶台”沉浸式活动系统、虚拟主播等元宇宙相关产品。元宇宙产业基地项目落地三亚后，网易将继续积极进行元宇宙相关实践，同时推进新产品在多场景中的应用。

除了三亚外，厦门也在政企合作方面做出了初步成果。2022年5月，元宇宙产业人才基地在厦门火炬人工智能专业孵化器揭牌设立。该基地由厦门火炬高新区管委会、厦门市委人才工作领导小组办公室等单位指导，由黑镜科技、蚂蚁特工、数贝云集等30多家企业和机构共建。同时，工信部人才交流中心、厦门市云大物智数据研究院等单位为其提供专业指导。

元宇宙产业人才基地聚焦元宇宙产业人才需求，致力于高层次人才的培育。元宇宙产业人才基地将在XR、区块链、3D引擎、云计算等元宇宙核心技术领域实施产业人才培育发展计划。具体而言，基地共建单位的负责人、工程师等将作为授课导师，结合元宇宙产业实际情况开发课程，为元宇宙人才授课，以提升人才与元宇宙产业的适配度。

同时，元宇宙产业人才基地也是一个汇聚各方资源的平台，各企业借助这个平台，可以相互交流、合作，实现共同发展。

政企合作将成为元宇宙产业不断发展的重要推动力量。当前，已经涌现了不少政企合作案例，为后来者提供了借鉴与参考。未来，产业中将会涌现出更多的政企合作案例，不断推进元宇宙产业链的发展、完善。

## 3.2　各生态层环环相扣，携手发展

元宇宙的商业生态是一个统一的有机体，各生态层环环相扣。底层的技术支撑保障了元宇宙商业生态的稳定，硬件设备则为用户体验元宇宙的产品与服务提供了介质，内容场景向更丰富的层次发展，为用户带来更具沉浸感、更新颖的体验。

### 3.2.1　底层支撑：元宇宙技术不断延伸

元宇宙商业生态的底层支撑分为架构和后端基建两个部分。以区块链、NFT 为代表的技术是支撑元宇宙经济体系运行的底层技术，而以云计算、AI 为代表的技术是元宇宙后端基建的重要组成部分。

为什么说区块链是元宇宙的底层支撑？作为高度拟真的虚拟世界，形成安全稳定的经济系统对于元宇宙来说十分重要。当前的虚拟世界不是真正的平行世界，原因在于虚拟世界中的资产没有和现实世界建立连接，无法在现实世界中流通。即使玩家付出大量精力成为虚拟世界的赢家，也难以对现实生活产生影响。同时，在虚拟世界中，玩家并不具有主导权，如果运营商停止游戏的运营，那么玩家在其中的所有资产和成就都会不复存在。

而区块链能够解决以上问题，搭建起元宇宙的底层经济架构，创造出能够连接现实世界的经济系统。基于此，用户通过创造获

得的虚拟资产可以在现实世界中应用，才有积极创造、不断推动元宇宙发展的动力。

除了底层架构外，元宇宙的底层支撑还包括搭载了5G、云计算、AI等技术的软硬件基础设施。

例如XR有单机智能及网联云控两条发展路径。前者聚焦显示、感知交互等领域，后者聚焦内容上云后的流媒体服务。未来，两者将在5G基建的基础上不断融合，推动元宇宙产业升级。

当前，三大运营商都在通过基础设施赋能元宇宙。2021年上半年财报显示，在5G基站方面，中国移动已累计开通基站50万个。而中国联通披露的数据显示，其与中国电信合作，累计开通5G基站达46万个。以此计算，截至2021年上半年，三大运营商开通5G基站达96万个。

同时，2021年11月，中国移动通信联合会成立元宇宙产业委员会，这是国内首家元宇宙行业协会，成员包括中国移动、中国联通、中国电信等。随后，中国电信宣布，其将以元宇宙新型基础设施建设者的身份，依托创新应用成果开启2022年“盘古计划”，发力元宇宙赛道，推动5G在元宇宙领域的应用。

在这些企业的助力下，元宇宙的底层架构和基础设施得以不断完善，元宇宙技术不断延伸，元宇宙中的场景也更加丰富，元宇宙带给用户更优质的体验。

### 3.2.2　硬件设备：提供体验元宇宙的必备工具

进入和体验元宇宙的设备主要包括各种 XR 设备，这是用户获得沉浸式体验的必备工具。实际上，现阶段的 XR 设备包括很多种类，例如 AR 眼镜、可穿戴一体设备、传感手套、动作捕捉仪等。

在消费类设备方面，Meta（Facebook）表现得十分亮眼。其曾斥巨资收购虚拟现实公司 Oculus，并在 VR 设备研发方面持续发力，推出了 VR 头显 Oculus Quest 2，获得市场追捧。同时，Meta 表示将在未来 4 年上线 4 款高端 XR 头显和两款 AR 眼镜。

此外，Meta 旗下的虚拟现实实验室推出了十分智能的触觉手套。这款手套使得接触元宇宙变成现实：当用户拿起一块虚拟拼图时，能够清晰地感觉到拼图已经在自己手上了。

其中最大的难题就是触觉是真实的，但拼图却是虚拟的，那么真实的触觉是怎样产生的？这得益于触觉手套包含了很多先进的人机交互技术。

其一，因为无法在虚拟世界中完全重现现实世界的物理特性，所以触觉手套将听觉、视觉、触觉反馈结合在一起，使用户能够感觉到物体的重量。其二，借助先进的手部跟踪技术，触觉手套能够精准识别手在虚拟世界中的位置、是否与虚拟物体接触等。其三，触觉手套中搭载的触觉渲染器能够凭借对手的位置和所接触虚拟物体的属性的理解，向触觉手套中的执行器发送精确的指令，以形成真实的触感。

相对于消费类设备，非消费类设备往往价格更高，其针对的主要是企业。相对于价格，企业更加看重的是设备的性能。例如一些 3D 激光扫描器能高精度扫描商场、建筑物、室内环境等，价格也十分高昂。但这对于企业的布局和元宇宙的搭建是十分重要的，元宇宙不是虚无的，其很多场景都是对现实场景的映射，所以这部分工具会显得十分重要。强大的工具会增强元宇宙的拟真性，甚至会形成一个基于现实世界的数字孪生世界，而这样的世界也会带给用户更强的沉浸感。

沉浸式体验是元宇宙永恒的课题，想要实现更强的沉浸感就需要更强大、更高性能的设备。未来，元宇宙的消费类设备将会变得更智能、更便携，而非消费类设备也会实现性能的不断飞跃。

### 3.2.3 内容场景：由游戏、社交向更多场景蔓延

元宇宙的应用场景正随着元宇宙边界的不断扩展而不断丰富。元宇宙实行分批落地，当前主要在游戏、社交等领域落地。但实际上元宇宙的最终形态能够实现全场景的通用交互，即办公、教育、文旅、游戏、社交等所有自然的社会场景都能够实现多平台互通。

目前，已经有很多公司在这方面做出了尝试。例如，迪士尼已经开始探索在游乐项目中解锁元宇宙相关技术，推出了《星球大战：银河星际巡洋舰》娱乐项目。其中的银河星际巡洋舰就体现了沉浸式剧场和虚拟世界环境的融合。

在这个虚拟场景中，人们可以自由行动，和各种角色互动。同时，除了可以扮演既定的角色外，人们还可以创造新的角色，

以新的身份参与故事中。在体验航行的过程中，人们的行为和选择会对他人和故事进展产生影响。人们的选择不同，故事的发展过程和结局也各不相同。因此，人们可以通过这个娱乐项目获得个性化的体验。

此外，在办公方面，元宇宙办公的实现也能够提升人们的线上办公体验。在虚拟空间中，人们可以创建一个虚拟化身，同时借助 VR 设备和各种传感、动作捕捉设备等自由地和同事沟通、互动，提高线上沟通的效率。同时，这种办公模式也打破了现实中的地域限制，身处世界各地的人们可以相聚于虚拟空间，自由地讨论、沟通。

在元宇宙办公方面，Meta 推出了元宇宙办公应用 Horizon Workrooms。Horizon Workrooms 为参会者提供一个虚拟空间，借助 VR 设备进入虚拟空间的参会者可以用自己的虚拟化身和其他人的虚拟化身进行交流。

此外，在办公方面，Horizon Workrooms 还存在诸多优势。第一，支持实时记录。Horizon Workrooms 中加入了键盘追踪功能，即使人们身处虚拟空间中，也可以在电脑中做笔记，或者和其他参会者共享电脑屏幕。第二，支持身体追踪。Horizon Workrooms 支持头部和手势追踪，这使得人们能够在虚拟空间中展示各种动作，如转头、打手势、挥动手臂等。第三，加入虚拟白板功能。Horizon Workrooms 中加入了虚拟白板功能，以便人们展示 PPT、修改数据、记录会议要点，在会议结束后，人们还可以将虚拟白板中修改后的文件导入电脑中。

随着元宇宙的发展，未来元宇宙相关应用将在更多领域落地。

在企业技术不断进步、产品种类不断增加、产品价格得以下降的趋势下，将会有更多的人通过元宇宙产品获得多方面的沉浸式体验。

## 3.3　各个环节界限模糊，走向合作

元宇宙产业的未来发展趋势是各个环节的界限逐渐模糊，环节之间的屏障被打破，各个环节的合作增强。

### 3.3.1　聚焦产品，联合推动新产品研发

元宇宙的火爆带动了 VR/AR 产业的发展。VR/AR 作为构建元宇宙生态的基石，同时也是用户进入元宇宙的大门，由此受到了众多企业的关注。谁能够掌握 VR/AR 产业发展的大方向，谁就能够抢先在元宇宙中获得发展的机会。

2021 年 8 月末，字节跳动以 90 亿元的价格收购了 VR 创业公司 Pico。此前，字节跳动已在 VR、AR 领域进行了长期深耕，本次收购后，字节跳动将 Pico 并入公司的 VR 业务，并整合公司的资源与技术，加大对于 VR 产品的研发投入。

Pico 有何价值？为什么字节跳动愿意重金收购 Pico？在我国的 VR 行业中，能够独立研发、生产 VR 产品的企业屈指可数，而 Pico 正是其中之一。IDC 发布的《2020 年第四季度中国 AR/VR 市场报告》显示，2020 年，Pico 位居我国 VR 一体机市场份额榜首，第四季度份额甚至达到了 57.8%。

Pico 研发的产品主要有 VR 一体机、VR 眼镜，以及各种追踪套件等。2021 年 5 月，Pico 发布了 VR 一体机 Pico Neo 3，开售

24小时销售额就突破了千万元。

资本方也十分看好Pico。截至2021年3月，Pico已完成5轮融资，其中A轮、B轮和B+轮融资的金额分别为1.68亿元、1.93亿元和2.42亿元。

基于Pico在VR产品方面的优势和未来良好的发展前景，字节跳动以重金收购Pico发力元宇宙，为建设元宇宙生态蓄力。除了字节跳动外，Meta、谷歌、索尼、大朋VR、爱奇艺等企业都纷纷在VR/AR产品方面发力，推出了各自的VR一体机、VR眼镜等产品。

无论是企业自主研发VR/AR产品，还是通过收购VR/AR生产厂商进行产品研发，都能够推动VR/AR市场的快速增长。

### 3.3.2 瞄准项目，整合行业资源，共建新项目

互联网的发展带动了众多互联网应用的发展，而元宇宙的火爆又将催生众多新项目。近年来，越来越多的企业开始推进元宇宙相关项目，特别是在游戏与娱乐领域中，元宇宙的应用已经很普遍。

游戏作为与元宇宙关联最密切的领域，众多资本都在此投资布局。例如红杉资本2021年的目标是完成50家元宇宙游戏公司的注资，其试图通过整合行业资源，集中力量开发新项目。除了红杉资本外，还有一些互联网企业在游戏领域积极布局。

例如，中国移动旗下的咪咕投入了大量资源打造“5G+云游戏”，在游戏云算力网络服务能力方面布局，推进云网融合，实现

终端云原生游戏共享。同时，咪咕依托云原生游戏技术，推出了数智竞技大厅，汇聚多种竞技游戏，以聚拢庞大的用户群体，构建起“数智竞技元宇宙”。

此外，“体育元宇宙”也是一个发展十分迅速的领域。无论是在虚拟世界体验爬山、滑雪，还是将现实中的体育赛事以高沉浸感、互动感的方式展现给观众，都体现了元宇宙在体育领域的巨大发展潜力。

在这方面，咪咕与亚洲足球联合会携手，运用 5G、4K/8K、VR、AI 等技术，将为 2023 年亚洲足球联合会亚洲杯打造可以实时互动、具有高沉浸感的“5G 云赛场”。此外，咪咕还积极探索体育数智达人，推出了数智达人 Meet GU。数智达人 Meet GU 不仅具有酷似真人的形象，还可以和观众进行沉浸式互动。

未来，咪咕将推出和 UFC（Ultimate Fighting Championship，终极格斗冠军赛）及 NBA 联合打造的格斗数智人和篮球数智人。当这些数智人广泛出现在赛事解说、赛事播报等场景时，人们对于元宇宙的认知将会更加清晰。

咪咕在游戏与体育方面推进元宇宙项目并不是市场中的个例。越来越多的企业开始着眼于游戏、社交、体育等多方面的元宇宙项目的推进。随着众多元宇宙项目的落地，越来越多的关于元宇宙的想象将变成现实，最终推动元宇宙的发展。

### 3.3.3 逐渐联合：元宇宙行业协会兴起

2021年11月，中国移动通信联合会成立元宇宙产业委员会。元宇宙产业委员会致力于元宇宙产业化及产业元宇宙化发展，不断推进元宇宙应用的研发与落地。

元宇宙产业委员会成立之后不久，公布了首批成员名单，其中包括深圳中青宝互动网络股份有限公司、天下秀数字科技（集团）股份有限公司等8家上市公司，均为在元宇宙领域拥有技术或产品优势、具有较大发展潜力的企业。

除了元宇宙产业委员会外，2022年6月，由中国电信主导，广东省电信规划设计院有限公司、（燧光）广东虚拟现实科技有限公司、广东亿迅科技有限公司联合打造的元宇宙产业能力基地正式落成。该基地致力于打造标杆示范型元宇宙项目，拓展元宇宙业务。

具体而言，该基地将"5G+XR"作为技术底座，搭建具备技术能力、产品能力、服务能力的企业级元宇宙能力生态平台，并为工业生产、教育、医疗、安保等多领域提供产业元宇宙解决方案，赋能未来城市建设的方方面面。

当前，市场中元宇宙产业平台越来越多，企业从单打独斗走向元宇宙共建已经成为趋势。在发展过程中，这些元宇宙产业平台将吸纳更多的企业加入，汇聚更多先进技术，加速元宇宙创新进程。同时，各企业也能够借产业平台开展元宇宙业务，以平台技术、解决方案等优势发展元宇宙项目，最终推进元宇宙产业繁荣发展。

# 第 4 章　虚拟新市场：元宇宙打造盈利新场景

目前，无论哪个行业的市场基本都呈现饱和状态，对于一些发展较早的行业来说，红海市场的竞争已经“白热化”，很多企业都在寻找下一步发展的出路。而元宇宙的诞生与发展正是对现实世界中的市场的一次大扩容，这个虚拟新市场将为众多行业中的企业打造盈利新场景。

## 4.1　巨头涌入，开启元宇宙“卡位战”

各行各业的巨头永远能够最先嗅到商机。在元宇宙火热发展的当下，众多巨头涌入元宇宙行业，开启了元宇宙新一轮的“卡位战”。

### 4.1.1　Meta：多方实践，抢先布局元宇宙

2021 年 10 月 28 日，在 Facebook 的年度大会上，Facebook 正式宣布更名为 Meta，这一举动引起了业内的广泛讨论。Meta 这个名字取自元宇宙的英文单词“Metaverse”，这也意味着此次改名并非 Facebook 的心血来潮，而是代表了它的战略转型决心，代表

了它对元宇宙的看好与重视。

2021 年 7 月，Facebook 成立了元宇宙产品团队；9 月，宣布在全球投入 5000 万美元用于建设元宇宙；10 月，表示在未来 5 年将雇用 1 万人推动元宇宙研究。Facebook 更名的目的是明确日后公司发展的整体规划，即不再局限于研究 2D 单一社交场景，而是全面布局 3D 沉浸式社交，以在未来的元宇宙竞争中拥有先发优势。

Meta 对元宇宙的布局涵盖范围非常广，包括硬件、应用层、底层技术等方面，积极推动元宇宙的实现。

1. 硬件

Meta 从 VR 设备起步，完善显示技术，降低设备价格，优化元宇宙流量入口。2014 年，Facebook 收购 VR 设备厂商 Oculus，开启在 VR 领域的布局。随后，Oculus 推出 Oculus Rift、Oculus RiftS、Oculus Quest 等产品。但由于技术问题，VR 设备的价格始终难以降低，高昂的价格让普通消费者望而却步。

2020 年，Oculus Quest 2 上市，该产品完善了显示技术并以仅 299 美元的价格销售，受到广大消费者欢迎。这款优质、价格较低的 VR 设备带动了全球 VR 设备的销售额。而相关数据显示，2021 年，Meta VR 设备的市场占有率高达 75%，比 2020 年增长了两倍多。

在 2021 年的 Facebook Connect 大会上，该公司表示仍在持续研发高端 VR/AR 产品。具备更智能传感器和更纤薄光学器件的头显设备 Project Cambria 将于 2022 年下半年发布，该设备能让用户在元宇宙中与其他用户实现眼神交流。另外，该公司还在会上介绍了 AR 眼镜——Project Nazare，该设备涉及全息、光波导等技术，且镜片厚度不超过 5mm，兼具高性能和高便携性，但具体发布时间还未确定。

2. 应用层

Meta 在游戏、教育、办公等多领域发力，深入挖掘元宇宙在各领域的应用，致力于融合现实世界与虚拟世界。

（1）游戏。随着 VR 设备的普及，VR 应用的数量也在不断增长，其中游戏占比最高。据青亭网统计，截至 2022 年 5 月，游戏平台 Steam 中支持 VR 内容的应用已超过 6000 款，而 Oculus Rift 有 1383 个应用，Oculus Quest 有 364 个应用。在 2021 年的 Facebook Connect 大会上，该公司宣布《GTA》VR 版本将在 Quest 2 平台发布，同时推出《剑与魔法》。为了建设 VR 内容生态，Oculus 还收购了多家 VR 游戏工作室。

（2）教育、办公。除了游戏领域，Meta 在教育和办公领域也做出了尝试，希望为用户提供沉浸式的教学和办公体验。2021 年 8 月，该公司推出 VR 会议平台 Horizon Workrooms；2021 年 10 月，设立了 1.5 亿美元的专项基金，希望在元宇宙中建立一个学习生态系统，融合社交、游戏、教育、办公等多种功能。

3. 底层技术

在底层技术研究上，Meta 持续加大对底层系统及动作捕捉技术的投资。在 2021 年 Facebook Connect 大会上该公司推出 Presence 平台，希望帮助开发人员创建混合现实体验。Presence 平台包含开发混合现实体验的 Insight SDK、为应用程序添加手部交互动作的 Interaction SDK、构建语音输入体验的 Voice SDK 等产品，这些产品可以帮助开发者创建混合现实体验，营造临场感。

除此之外，Meta 还密集投资了计算机视觉、眼动追踪、VR/AR 动态变焦等技术。同时，因为 Meta 现在的产品主要应用于安卓系统，所以它还在加速操作系统的研发，以消除安卓系统对其的影响。

### 4.1.2 微软：收购与研发双管齐下

2022 年 1 月 18 日，微软宣布收购动视暴雪。动视暴雪是全球最顶尖的游戏公司之一，微软此次收购更是给出了高达 687 亿美元的报价。而微软之所以不惜下此血本收购动视暴雪，一方面是为了扩大自身在游戏领域中的影响，另一方面则是为了对元宇宙进行更贴切、更合理的布局。

游戏与元宇宙在诸多方面存在契合性，这使得很多企业在布局元宇宙时都会从游戏方面入手。而作为全球顶尖的游戏公司，动视暴雪在游戏领域具有诸多优势。

一方面，动视暴雪是全球知名的游戏发行商，业务涉及主机游戏、PC 游戏、手机游戏等诸多方面，在长期的经营中积累了大量用户，月活跃用户超过 4 亿。同时，在海量用户的长期活跃下，其也形成了成熟的游戏社区。另一方面，动视暴雪旗下有《魔兽世界》《守望先锋》《糖果粉碎传奇》等知名游戏产品，形成了强大的游戏 IP 矩阵。凭借动视暴雪的这些优势，此次收购将大大提升微软的元宇宙竞争力。

微软收购动视暴雪后，将大大丰富自身游戏业务，完善自身游戏创作、发行、运营的游戏生态。此外，结合动视暴雪的强大

IP 资源，微软的元宇宙产业也将得到进一步发展。

除了收购之外，微软还在硬件入口、底层技术、内容等方面发力，基于自身在研发方面的优势，构建企业元宇宙。微软通过 HoloLens、Azure 云、Azure Digital Twins 等工具致力于帮助企业客户实现虚拟世界与现实世界融为一体。

（1）硬件入口：HoloLens（微软开发的一种 MR 混合现实头戴式显示器）继承了 Kinect（体感周边外设）技术。微软不开发游戏外部设备，而是致力于开发生产力工具。

（2）底层技术：微软拥有完善的企业元宇宙技术堆栈，包括 Azure 数字孪生、Microsoft Power 平台、Azure IoT、Azure Synapse 分析等。

（3）内容：基于 Xbox 平台探索元宇宙，《我的世界》《模拟飞行》等游戏皆是微软探索元宇宙的体现。

微软在 Microsoft Ignitc（在线技术大会）上宣布，将旗下的 Microsoft Teams（一款聊天和会议应用）打造成元宇宙平台，将 Microsoft Mesh（多用户、跨平台的混合现实会议平台）融入 Microsoft Teams 中，并借助于一系列整合虚拟环境的应用，让用户在虚拟世界中更好地工作、交流。

除此之外，微软还宣布在 Microsoft Teams 中新增 3D 虚拟化身功能。用户不需要使用 VR/AR 设备，就能以虚拟人物形象出现在视频会议中。

微软还会把 Xbox 游戏平台纳入元宇宙，让企业平台与娱乐平台同步发力，逐渐扩大元宇宙的覆盖范围。

### 4.1.3 腾讯：聚焦游戏优势领域，多方布局

腾讯是我国互联网行业的知名企业，也是积极布局元宇宙市场的“头号玩家”。

在布局元宇宙方面，腾讯十分有优势。腾讯旗下的微信、QQ等社交生态，《王者荣耀》《和平精英》等游戏内容，虎牙、斗鱼等直播平台等都已经形成良性的运作循环和完善的经济系统，能够为用户提供多样且高质量的内容。

腾讯 2021 年第三季度财报显示，截至 2021 年第三季度末，腾讯旗下微信、WeChat、QQ 等社交平台的月活跃用户突破 18 亿，拥有超大的社交网络基础。同时，根据 2020 年全球各大游戏公司的财报，腾讯以接近 240 亿美元的总营收高居全球榜首，远超索尼、任天堂等知名游戏厂商。社交和游戏方面的优势为腾讯布局元宇宙提供了庞大的用户流量和广阔的落地土壤。

凭借自身优势，腾讯开始了深入探索元宇宙的道路。对内，腾讯加快了在元宇宙方面的研发和探索。2021 年第三季度财报显示，腾讯在科研方面的投入创当年季度新高，同时腾讯表示，未来将会加大虚拟现实产品的研发投入，推出更优质的产品。此外，基于游戏和社交基础，腾讯也在不断开展基于元宇宙的实践，通过一些活动模糊现实世界和虚拟世界的界限。

例如，腾讯通过一系列活动，逐渐在《和平精英》游戏中融入元宇宙元素，带给用户更多的沉浸感。为了在游戏中引入自定义内容，《和平精英》上线了绿洲启元模式，支持用户自由编辑游戏地图、道具等。

同时,《和平精英》和电影《哥斯拉大战金刚》进行了联动，将“哥斯拉”和“金刚”两大巨兽引入游戏中。在全新的巨兽玩法中，哥斯拉将登陆海岛地图，沿着既定路线穿越海岛。在这一过程中，哥斯拉会摧毁周围的营地并消灭沿途的小怪兽，而用户可以跟在哥斯拉身后，拾取营地爆破和小怪兽阵亡后留下的战斗物资。

在新的游戏玩法中，哥斯拉就是一个“决战圈”，以优质的物资吸引用户战斗。在跟随哥斯拉的过程中，用户还可以近距离观看哥斯拉和金刚的决斗。

除了推进内部研发和探索外，腾讯在元宇宙领域的投资也从未停止。例如在游戏方面，腾讯投资了游戏市场中的知名“独角兽”公司 Epic Games，将结合其自研游戏、游戏平台和游戏引擎为自身游戏业务赋能。同时，腾讯投资了 Avakin Life、Roblox 等沙盒游戏公司。其中，Avakin Life 的注册用户超过 2 亿，日活跃用户量超过 100 万；而 Roblox 创造了 1.15 亿月活跃用户的纪录，拥有广泛的用户群体。Avakin Life 和 Roblox 都有孕育元宇宙的基因。

腾讯的投资覆盖了元宇宙硬件、平台与内容多个方面。在游戏领域之外，腾讯还投资了 AR 科技公司 Nreal、音频流媒体服务平台 Spotify、虚拟演出服务商 Wave、元宇宙社交平台 Soul 等。

通过内部研发探索和外部投资布局，腾讯逐步搭建起了较为完善的元宇宙生态。依托对元宇宙概念产品的投资，腾讯也能够更好地整合内外相关资源，为自身元宇宙产品的研发提供支持。在不断的布局中，腾讯成为我国元宇宙行业的领头羊之一。

## 4.2　新秀崛起，元宇宙企业成为投资目标

除了互联网企业外，一些元宇宙新秀企业也开始走入人们的视野，成为市场资本看好的对象。有不少投资机构都对这些新秀寄予厚望，纷纷向它们提供资金和其他支持，希望通过这些新秀企业能够完成在元宇宙市场中的布局。

### 4.2.1　AR/VR 赛道再次获得资本青睐

AR/VR 产业火热发展，因为 AR/VR 等交互硬件是现实世界的人们进入元宇宙的必备入口，AR/VR 游戏也是元宇宙的重要组成内容。当下元宇宙的火热发展无疑让 AR/VR 再次获得资本青睐，许多企业也进入了这一赛道。

例如谷歌收购了 AR/VR 显示器开发商 Raxium，用其打造自己的新一代 AR、VR、MR 头显设备，试图在这条赛道上后起发力。知名互联网公司 Snap 则收购了脑机接口技术公司 NextMind，想要推出一款新的 AR 眼镜。

除了在硬件领域获得火爆发展外，AR/VR 在其他相关领域的发展势头也十分迅猛。根据方舟资本的预测，AR 的市场规模到 2030 年将增至 1 万亿美元。而资本也不再只青睐于大企业，而是将目光更多地聚焦在一些有潜力的初创企业和规模虽小却在 AR/VR 领域深耕多年的工作室。

2022 年 3 月，XR Games 收购了游戏工作室 Fierce Kaiju。这家游戏工作室在 2014 年就嗅到了元宇宙中蕴藏的商机，因此成立了专门研发 VR 游戏的部门，曾经推出过多款火爆全球的 VR 游戏，例如《病毒》等。

而 Nreal 则十分看好元宇宙中的后起之秀 Quintar，参与其种子轮融资。Quintar 是一家 AR 体育方案商，它致力于让人们通过手机等设备，能够将比赛现场以 AR 技术随时随地地投放到桌面或其他空间中，让不在现场的观众能够全方位地观看整场比赛。

未来，AR/VR 赛道将会更加热闹。无论是传统的互联网龙头企业，还是新兴的元宇宙后起之秀，都将在这条赛道上为元宇宙的落地增添助力。

### 4.2.2 元宇宙发展底座“实时渲染引擎”迎来大发展

元宇宙的搭建离不开引擎技术的助力。而在当前，实时渲染的 3D 引擎不仅可以应用在游戏领域，还可以应用在建筑设计、工业生产等多个领域。

根据类型的不同，游戏引擎可以分为两类：一类是游戏自带的内部引擎，主要是为用户提供创作工具，如 Roblox 中存在简易的自有引擎，便于用户进行游戏创作；另一类是开源引擎，其不仅支持用户在平台中开发各种游戏，也支持虚拟工业场景、建筑场景的搭建。

在这方面，以实时 3D 引擎而出名的 Unity 公司将成为搭建元宇宙的重要参与者。Unity 的引擎业务覆盖了游戏、建筑、制造等多个领域。在游戏方面，《神庙逃亡》《原神》等游戏都是使用Unity引擎开发的。同时在建筑、制造领域，Unity引擎可以在建筑设计、汽车设计等方面为开发人员提供可视化设计方案，使其设计过程更加简捷、高效。

元宇宙的搭建离不开实时渲染技术的支持，而在这方面，Unity引擎可以为元宇宙的建设提供支持。Unity的业务不仅涵盖游戏领域，而且其早已成立了工业事业部。这不是简单的游戏引擎应用的延伸，而是针对工业领域各种需求提供个性化的解决方案。由此，Unity并不是单纯的游戏引擎，而是可以在更广范围上实现交互式内容创作的3D引擎。

一方面，Unity云服务大大降低了元宇宙的参与门槛，让更多用户能够参与元宇宙的建设中。随着元宇宙的搭建，用户将释放更多创作需求，Unity也将持续提升技术和工具的易用性，让更多用户不受工具的限制，参与元宇宙的建设中。元宇宙需要先进的数字基础设施作为支撑，而Unity云服务则能够为其提供适合的网络基础。

另一方面，Unity的云端分布式算力方案以强大的Unity资源导入与打包能力助力元宇宙建设。2021年9月，Unity推出了云端分布式算力方案。该方案包含了个性化定制的引擎和各种云服务，可以帮助创作者提高开发效率和项目迭代效率。

国内的艾迪普是深度布局引擎业务的典型代表。在实时三维图形图像引擎研发方面，经过10余年的打磨，艾迪普形成了全方位的VR自主知识产权体系，推出了自主研发的IDP Engine实时三维图形图像引擎，在实时渲染、识别、处理等方面达到国际领先水平。

IDP Engine 实时三维图形图像引擎既能够处理 2D/3D 软件中产出的图形资源，也能够处理现实世界中的图像资源。这使得其在现实世界与虚拟世界之间交互融合的各行业应用场景中具有显著优势。

同时，该引擎在易用性方面也取得了很大突破。基于 IDP Engine，用户在不需要深度掌握计算机图形学知识、不需要编写底层代码的情况下，经过短时间学习即可制作出专业级的数字内容应用，极大降低了内容创作的技术门槛。换言之，该引擎为用户提供了一套持续优化、可复用的模块化“地基”，用户能够在此基础上如“搭积木”一样，简捷、高效地“拼”出虚实融合的数字世界。

实时三维引擎技术的普及应用将对数字经济和元宇宙发展产生巨大的杠杆作用。目前，该引擎已经在泛媒体、教育、医疗、工业互联网、智慧城市等多个领域的数字内容生产中得到应用，通过提供出色的实时渲染能力、卓越的图形图像处理能力和开箱即用的丰富创作组件，促进数字内容在多元场景的大规模生产和落地，为经济增长开辟新的空间。

### 4.2.3　工业制造领域数字孪生蓬勃发展

数字孪生是一种将现实世界镜像化到虚拟世界的技术，即依据现实中的物体创造一个数字化的数字孪生体。同时，现实物体与数字孪生体之间是相互影响、相互促进的。简而言之，数字孪生就是创造一个还原现实世界的虚拟场景，支持人们在其中进行各种尝试。

当前，数字孪生已经在工业领域实现了落地应用。企业可以收集实时产品性能数据，将其应用到虚拟模型中。通过这种模拟，企业能够尽快明确产品的设计流程，测试相关功能，提升产品研发和生产的效率。例如，通用电气公司借助数字孪生技术，让每个机械零部件都有一个数字孪生体，并借助数字化模型实现产品在虚拟环境下的调试、优化等，从而调整产品方案，将更完善的方案应用于现实生产中。这不仅提高了企业的运行效率，也节省了企业的调试、优化成本。

设计是工业制造中的重要工作。长期以来，设计成本高、浪费严重、效率低一直是各大企业工业设计的痛点。而将设计环节搬进虚拟世界后，不仅可以避免材料浪费，节约成本，还可以有效提高设计效率，快速响应客户需求。具体而言，将设计搬进虚拟世界的优势主要体现在以下两个方面。

其一，产品生产不再受限于物理材料和流水线。当设计师想要调整服饰、汽车的设计时，不需要浪费材料重新设计，只需要通过 VR 头显调整几个参数即可。这使得产品设计更具可持续性，不会因改变设计产生新的材料浪费，进而降低了企业产品迭代的成本，提升了对用户需求的响应速度。

其二，产品品类更加多样化。传统的工业设计受限于物理材料的生产工艺，导致很多创意设计难以实现。而在虚拟世界中，设计师可以自由表现创意，设计出更加新奇的产品。同时在 3D 打印技术的帮助下，这些设计也可以映射到现实世界中，丰富人们的物质生活。随着各企业对数字孪生技术的不断探索，该技术将逐渐应用到工业制造的更多场景中。

在数字孪生赋能方面，英伟达已经推出了虚拟协作平台 Omniverse，助力企业通过虚拟协作实现智能生产。Omniverse 平台共分为 5 个部分：Nucleus 是核心，负责协调所有服务和应用；Connect 负责连接 Omniverse 和其他 3D 工具；Kit 能让开发者用自己喜欢的语言进行开发；Simulation 负责进行物理模拟；RTX Renderer 负责渲染图像。

Omniverse 平台自推出后，获得了不少企业客户的喜爱。例如宝马集团利用 Omniverse 平台构建了自己的数字孪生工厂，生产效率大大提升；英国福斯特建筑事务所则把 Omniverse 平台当作实时协作工具，提升了团队的协作效率。

同时，Omniverse 平台中拥有许多辅助工具和垂直应用。首先是 Omniverse Avatar。它可以帮助开发者创建能够与人交互的虚拟形象。Omniverse Avatar 打造出来的虚拟形象可以流畅地与人沟通，充当服务员、车载虚拟助手等角色。其次是 Omniverse Replicator。这是一款合成数据生成引擎，可以代替人工处理复杂的 3D 数据。基于这个引擎，英伟达还发布了面向通用机器人的 Isaac Sim 以及面向自动驾驶的 DRIVE Sim 两款应用。Isaac Sim 是一款仿真机器人。它支持传感器建模，并且能真实地模拟物理特性。DRIVE Sim 则可以模拟出自动驾驶汽车上的“环绕摄像头”，包括运动模糊、滚动快门、LED 闪烁等。

英伟达通过 Omniverse 平台为数字孪生在工业制造领域的应用提供技术支持。而除了英伟达之外，百度、微软等企业也在这方面进行了探索。未来，在这些科技企业的助力下，更多工业场景将由现实走向虚拟，实现智能制造。

## 4.3 元宇宙创业潜力巨大，开启创业新商机

元宇宙采用用户创作的内容生产模式，即每位进入元宇宙的用户，都可以借助相关工具在元宇宙中进行自由创作。用户还能够通过自己的创作获得相应的报酬。实际上，这正是通过聚焦内容需求，开创元宇宙创业的新商机，创造商业新模式。

### 4.3.1 基本逻辑：聚焦新需求，提供新体验

传统市场的底层逻辑是以产品为导向，即企业想生产某类产品就生产某类产品，不关注用户是否有需要，市场是否有需求。这种底层逻辑通常会导致企业经营失败。而元宇宙市场的底层逻辑则是以用户为导向，用户需要什么，市场有何需求，那么企业就会生产什么、提供什么，只有这样才能形成企业与市场的良性循环。

以用户为导向需要找准用户需求，即通过对目标用户群体的观察走访，提炼出该群体的核心特征和用户场景，而产生核心特征和用户场景的原因就是实际的用户需求。但是在实践过程中，用户的真实需求往往会被表面现象所掩盖。例如妈妈认为婴儿的啼哭是因为饥饿，但是在进食之后婴儿依然啼哭，而在妈妈为婴儿换过纸尿裤之后，婴儿止住了啼哭。在这个过程中，婴儿的真实需求是换纸尿裤，但是妈妈却并没有发现，反而被啼哭的行为

所迷惑。

在元宇宙市场中，也存在这样的问题。因此，若想在元宇宙市场中获得成功，企业就必须抓住用户的真实需求，解决其痛点。

首先，企业要找准目标用户，细分用户需求。从某种程度上来说，用户需求决定企业的产品方向。例如，如果创业者想要在元宇宙游戏领域创业，那么他就要细分游戏玩家群体，明确其想要针对的群体在年龄、性别等方面具有什么特征。年轻女性与年长男性所玩的游戏类型及游戏方式完全不同。

其次，企业要辨别目标用户的真伪需求，只有满足用户的真正需求，才能够切实解决其痛点，企业才能够持续优化产品，维持企业良好运转。例如，企业将目标用户定位于年轻女性，经过调查发现，年轻女性游戏用户更喜欢休闲类游戏，而休闲类游戏对于可互动式操作和沉浸式场景的要求都比较高。而之所以有这些要求，是因为目标用户想要拥有良好的游戏体验，在游戏中能够放松身心，这就是用户的真实需求。因此，在产品的生产过程中，企业可以将产品的侧重点偏向于 VR、AR 和传感功能的优化上。

最后，企业要持续跟进目标用户，不断优化产品。因为需求是动态变化的，产品也要以此为依据及时做出调整。例如企业要针对目标用户的需求，不断调整 VR 设备的舒适度，优化 VR 技术，持续满足目标用户的需求。

### 4.3.2 以应用入局，积极研发新产品

Roblox 是全球知名的元宇宙游戏平台，该平台上的大部分游戏都是用户自行创作的，而平台只负责为用户提供必要的工具。2021 年，一款名为《闪耀小镇》的游戏在该平台上线，在短短一个月内其累计用户就达到了 1 亿人。

《闪耀小镇》是世纪华通打造的一款多人开放式角色扮演游戏，用户在广阔的游戏世界里，可以扮演任何自己喜欢的角色，与其他用户一起创造虚拟世界，体验丰富的生活。游戏中有逼真的城市景观，如地铁、机场、公路、水族馆、公园等。用户还可以拥有自己的土地，并在上面建造房屋。此外，游戏中还有服饰、道具、宠物、车辆等。在这个开放的世界中，玩家可以尽情体验不一样的人生。

当下，人们对线上生活场景、娱乐体验、社交生活等有了更高的要求，急需相关的产品满足需求。世纪华通选择深耕元宇宙游戏内容，让《闪耀小镇》成了国内元宇宙概念下成功落地的元宇宙产品，成功抢占新赛道。

### 4.3.3 以商业模式获利，多种商业模式可向虚拟延伸

元宇宙是一个自由、开放、包容的虚拟世界，在这里人们的想象力与创造力能够得到尽情的释放。从商业模式的角度来看，现实世界中的所有商业模式都能够在元宇宙中实现完美还原和优化。例如，在建筑、广告宣传、地产投资等方面，元宇宙都可以复刻现实中的商业模式。

在建筑方面，建筑企业或建筑设计师可以通过设计作品获得收益，而在元宇宙中，他们同样可以通过设计作品获得收益。例如，某建筑工作室曾为某企业设计了一座在虚拟世界中搭建的会议中心。用户可以选择自己的虚拟化身，然后跟随导航进入露天会场参加会议，自由地与其他参会者交流。

此外，在现实世界中，建筑设计师往往受困于建筑设计的种种限制，无法自由地发挥想象力和创造力。但是在元宇宙中，建筑设计师就可以摆脱现实中的各种束缚，设计出更加标新立异的建筑。

在广告宣传方面，元宇宙提供了新的广告展示空间。2021 年 8 月，一部关于虚拟世界的科幻电影《失控玩家》火爆上线，吸引了众多观众的目光。男主角每天都会如往常一样起床、吃早饭、买咖啡、走过熟悉的街道去银行上班。而这个十分逼真的虚拟世界里蕴含着诸多广告商机，路边的广告牌，男主角穿的衣服、手中拿的咖啡等，都是品牌植入的理想场景。

在地产投资方面，元宇宙也可以复制现实中的商业模式。企业可以投资虚拟土地，在其中建起商场、游乐场等，以此获得盈利。同时，企业也可以将部分土地租赁给虚拟世界中的其他用户，供用户在其中创造和经营。

除了复刻现实中的商业模式外，元宇宙还可能催生现实中不存在的商业模式。在多样的商业模式下，在不久的将来可能会涌现出许多新的职业，如虚拟形象设计师、元宇宙游乐项目规划师等。

## 4.4 元宇宙开启投资新市场，多个细分市场值得期待

元宇宙的火热发展开启了投资的新市场，无论是相关的硬件市场，还是内容创作市场，抑或是元宇宙内数字资产投资市场，都拥有广阔的成长空间，值得每一位投资人期待。

### 4.4.1 硬件厂商崛起，成长空间巨大

任何技术或概念从诞生到落地都需要经过一段发展时间。虽然元宇宙处于萌芽阶段，距离完全落地、实现多平台互联有很长一段路要走，但是其中的投资黑马——元宇宙头部硬件厂商，所能够带来的收益却是在现在就可以看到的。主要原因有以下 3 点。

首先，元宇宙此时发展并不成熟，投资者无法预计在很久之后的未来，元宇宙各个行业的头部企业是谁，就像当初的投资者并不看好苹果公司一样。而当前现实世界中的各个互联网企业纷纷布局元宇宙，投资者最为稳妥的选择便是投资原本就在互联网领域颇有建树的企业，特别是目前正在研究生产 VR、AR 等硬件接入设备的厂商，因为硬件接入设备是当前元宇宙发展最为需要的东西。

其次，头部硬件厂商的平台大、资源好。AR、VR 等底层技术目前正在快速迭代，生产相关设备的公司必将越来越多。但是设备有优劣之分，而拥有良好资源和优秀人才的头部硬件厂商生

产的设备大部分要优于小厂商。而且头部硬件厂商在与硬件设备相关的技术上更容易实现突破，发现新的市场。

最后，市场是有限的，实力强大的头部硬件厂商占据的市场份额也必然是最大的。

因此，投资者若想在当前投资元宇宙相关项目，并且在短期内获得一定回报的话，头部硬件厂商是最优选择。

### 4.4.2　着眼新应用，元宇宙公司获市场好评

2021 年是元宇宙元年，互联网行业各大厂商动作不断。从 Facebook 宣布更名为 Meta，到微软宣布收购动视暴雪，再到腾讯宣布构建腾讯元宇宙、百度发布元宇宙产品“希壤”，头部企业纷纷在元宇宙方面发力。而一些新兴的元宇宙公司也不甘落后，持续推出元宇宙相关的创新产品，取得了不俗的成就。

1. 三七互娱

三七互娱是一家以游戏为主营业务的公司，有良好的基础条件用于元宇宙建设。目前三七互娱已经投资了多家 VR 内容开发商，例如 Archiact 等。其不断弥补自身在 VR、AR 等领域的发展短板，增强自身在元宇宙市场中的整体竞争力。

2. 赤子城科技

赤子城科技是一家主营社交业务的公司。行业有关人士认为，赤子城科技在全球掀起了音视频社交的新浪潮。该公司在旗下的视频社交软件 Yumy 中新增加了 Meta Town 功能，用户可以在其中设计自己的 3D 虚拟动画形象，并能够通过随机匹配与陌生人在

虚拟现实场景中进行互动。

3. 芒果超媒

芒果TV作为国内知名的电视媒体，其旗下的芒果超媒率先入局元宇宙。芒果超媒表示将推出虚拟主持人、互动视频平台、AR合拍互动系统等产品，并将通过“虚拟+云渲染+互动”搭建芒果元宇宙的架构。

除此之外，百度、网易、Unity等公司也在持续推出自己的元宇宙产品。未来，将会有更多的元宇宙概念公司出现，元宇宙的内容也将得到进一步丰富，投资者可以选择这些颇具潜力的新公司进行投资。

### 4.4.3 NFT市场火热，投资项目获关注

元宇宙中凡是与交易有关的内容就一定离不开NFT。例如在艺术品、游戏道具等与交易有关的市场中，NFT项目无疑是重中之重。尤其是在艺术品拍卖市场中，只有上链的NFT艺术品才是合规合法、受到版权保护、有资格参加拍卖的数字资产。

Crypto Punks是以太坊上最早的NFT项目之一，它是像素化头像的NFT集合。在Crypto Punks刚发布时，用户可以免费获取，而现在用户想要获得它则需要高价购买。Crypto Punks等NFT项目的崛起，将NFT推向了主流大众的视野。

Crypto Punks的价值取决于其类型、属性、数量、主观性。因为每个头像都是与众不同的，所以人们将它视作在线身份的象征。有的人花费数十万美元购买Crypto Punks，希望在虚拟世界

彰显自己的身份个性。

在经历了 2021 年的“牛市”之后，NFT 市场从一个小众市场变为“兵家必争之地”。因为整体市场的增长，众多 NFT 项目纷纷崛起，吸引了巨大的财富和无数人的关注。但当前市场中项目众多，投资者要谨慎评估行业预期，寻找高投资价值的 NFT 项目。

如何挖掘优质 NFT 项目？虽然当前 NFT 在收藏品和游戏领域大火，但其也只是整个市场的一个组成部分，因而投资者不能盲目地对整个市场做出判断，应该具体问题具体分析。投资者可通过分析 5 个指标来找到市场上的优质 NFT 项目，如图 4-1 所示。

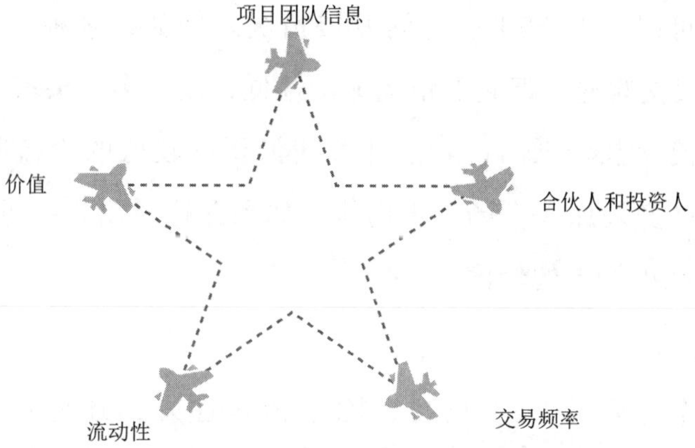


图 4-1　如何挖掘优质 NFT 项目

1. 项目团队信息

如果 NFT 项目的创始团队有区块链以及游戏行业的从业经验，那么就说明初始团队是一个很有潜力的团队。例如，Crypto Punks 的创始人本身就是一名优秀的软件开发者，其团队对加密技术有深刻的理解，打造了一个潜力巨大的 NFT 项目。

2. 合伙人和投资人

有知名的风投机构参与的项目通常有很大的发展潜力。例如，Axie Infinity 曾获得多家科技企业和投资机构的投资，提升了项目的可信度。

3. 交易频率

交易频率高的项目一般具有较大的市场潜力。例如 Axie Infinity 和 Crypto Punks 的参与人数越多，交易频率也越高，由此形成了良性循环。

4. 流动性

流动性是评价市场是否健康的关键指标，通过分析流动性，投资者可以得知 NFT 项目的发展情况。例如，某种 NFT 产品在市场上很受欢迎，但它的市场流动性低，没有多少买家实际购买。当市场流动性较低时，就意味着我们要以较低的价格出售 NFT，或静待更多人加入市场后再出售。如果在这时出售，可能会影响该 NFT 在市场上的价值。

5. 价值

一个优质的 NFT 项目，除了稀缺性外，还应该具备以下价值。

（1）交换价值：NFT 与货币或其他物品的交易价值。

（2）使用价值：NFT 能够满足人们某种需求，例如游戏、收藏、社交等。

（3）娱乐价值：NFT 具备娱乐属性，能用于游戏等场景。

（4）收藏价值：NFT 具备保值、增值等属性。

（5）社交价值：NFT 有大量粉丝基础，能够让持有者在社交中彰显个性。

（6）生产价值：NFT 能用于赚取超额利润。

NFT 市场发展迅速，是投资的新风向，但 NFT 市场中的风险与收益并存。虽然 NFT 可以成为身份的象征，还有可能带来巨大财富，但投资者还是要理性评估它的价值，例如评估其创作者身份、项目是否合法等，而不能仅抱着投机的心态盲目入局。

# 第 5 章　虚拟数字人：活在元宇宙的虚拟人类

虚拟数字人，顾名思义，即不是现实世界中的人类，是依托数字化技术存在于元宇宙中的虚拟人类。实际上虚拟数字人并不是一个新概念，它最早来源于一部动漫。而在元宇宙时代，新的技术使得虚拟数字人有了新的形象，同时也承担着新的任务。

虚拟数字人具有两面性，一方面它是元宇宙中的原住民，另一方面它是现实世界中的人类在元宇宙中的虚拟化身。所以虚拟数字人不但是人类在元宇宙中的角色投射，同时也是元宇宙场景连接的主要媒介之一。虚拟数字人是元宇宙最重要的组成部分之一，同时也是元宇宙的基础要素。

## 5.1　技术升级，虚拟数字人迭代发展

虚拟数字人并非从诞生之初就是现在的模样，实际上从虚拟数字人概念出现至今，其外形和内核都经过了多次技术迭代。例如从最初的卡通形象升级为如今相媲美真人的写实外形，从最初简单的程序设定变为如今由可自主学习的智能 AI 内核引擎驱动。

总之，虚拟数字人始终处于不断发展中。

### 5.1.1 外形多样：从二次元到超写实

虚拟数字人的一项重要特征是拟人化，换言之，外形越接近真实人类的虚拟数字人，就会被认为越成功，因为其背后的技术难度难以想象。无论是虚拟数字人嘴角细微的抽动，还是眼神的流转，背后都蕴含了多项复杂技术。

早期的虚拟数字人的外形更偏向二次元中的卡通人物，拥有不符合真人比例的外形。而现在的虚拟数字人承担着人类在元宇宙中的身份投射这一任务，其外形也越来越写实。

例如，2021 年 10 月，联通在线沃音乐推出了虚拟数字人“安未希”，获得了广泛关注。

安未希搭载了虚拟数字人创作系统，融合了 AI 表演动画、实时动作捕捉等技术，能够进行创作和表演，展示多样化的内容。安未希在吸引人们目光的同时，也引发了人们对于虚拟数字人的思考。

那么，什么是虚拟数字人？虚拟数字人指的是具有数字化外形的虚拟人，它通常具有 3 方面特征，如图 5–1 所示。

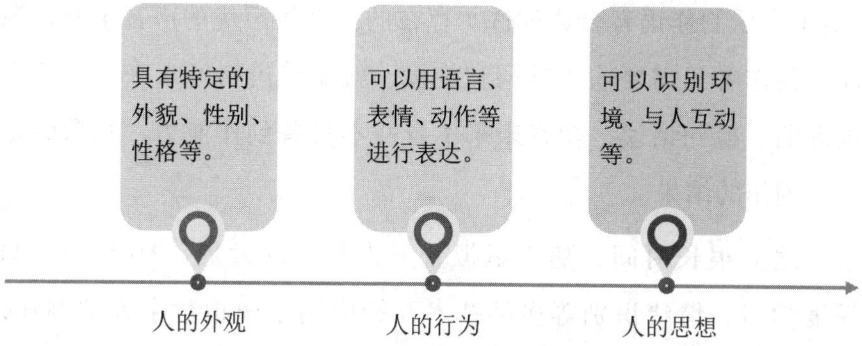


图 5-1　虚拟数字人的特征

总之，虚拟数字人是一种数字化表现的“人”，是通过数字化技术打造出的具有虚拟形态的虚拟人，是借助 CG（Computer Graphics，电脑绘图）、动作捕捉等技术打造出的真实人类的“数字孪生兄弟”。AI 能够赋予虚拟数字人思考能力和学习能力，使其表情、动作自然，并能够根据接收到的语言、动作反馈及时做出反应。

虚拟数字人是人们进入元宇宙的载体。借助虚拟数字人技术，我们不仅有了进入元宇宙的虚拟化身，还可以自由改变虚拟形象、性别等，以全新的身份在元宇宙中体验不一样的人生。

提到虚拟数字人，很多人都会想到初音未来、洛天依等虚拟偶像。的确，在虚拟数字人还未广泛出现在大众眼前时，虚拟偶像是虚拟数字人主流的表现方式。

虚拟偶像初音未来自诞生之时就深受粉丝喜爱，让虚拟数字人进入了更多人的视野。初音未来是二次元风格的少女形象。这个梳着绿色双马尾、身着水手服的虚拟形象是基于 VOCALOID

（电子音乐制作语音合成软件）存在的。其将声优的声音录进音源库，创作者只需要输入歌词和旋律，就能够借初音未来的声音形成歌曲。换句话说，初音未来本身并不具备创作能力，其歌曲是粉丝创作的结果。

之后很长时间，随着虚拟数字人技术的发展，3D 建模、AI 深度学习、情绪识别等多种技术开始应用于虚拟数字人的制作，并由此产生了更加智能的 AI 虚拟数字人。

2021 年 9 月，清华大学借助一段短视频推出了原创虚拟学生“华智冰”。华智冰的智能性来源于其配备的智能模型“悟道 2.0”，它可以在上万个 CPU 上对海量数据进行人工智能预训练，提供强大的智力支持。在它的支持下，华智冰能够像人一样思考。同时，在持续的思维训练中，华智冰会变得越来越智能，可以学习精深的计算机相关知识，甚至进行相关创作。

当前，华智冰已经作为清华大学的学生开启了学习和研究生涯。未来，学业有成的华智冰或许可以和真人一样进行科学研究，成为一名出色的科研人员。

华智冰的出现显示了虚拟数字人从二次元到超写实的一种进步，虚拟数字人不再只以二次元形象存在于虚拟世界中，而是可以以超写实的形象出现在现实世界中，可以和人们共同生活和工作。虚拟数字人技术在不断发展中打破了次元壁，让虚拟数字人从二次元走进了现实世界。

未来，随着虚拟数字人技术的进步和广泛应用，将会有更多超写实的虚拟数字人进入现实世界。他们可能是新一代的虚拟偶像，也可能是我们的同学、同事。虚拟数字人与现实世界的融合，将会形成一个亦真亦幻的奇妙世界。

### 5.1.2 智能内核：AI 推动虚拟数字人发展

在互联网高速发展的背景下，原本仅存在于现实世界中的活动渐渐转移到了线上，例如在线社交、在线购物等，人们也越来越离不开 QQ、微信、淘宝等网络软件。而在未来的元宇宙中，人们不仅可以将现有的人与人之间的网络关系完全转移到元宇宙中，还能够与更加智慧的 AI 进行交互。也就是说，在元宇宙中，虚拟数字人的背后可能是一个真实的人类，也可能是更加智慧的 AI 引擎。

人工智能是元宇宙的一个重要组成部分，而机器通过深度学习和人工智能技术，代替人们进行一些重复、琐碎的工作也是未来发展的一大趋势。因此，人工智能是众多企业都应该重视并着力探索的领域。在未来，虚拟数字人也许会无处不在。

我们在银行、保险公司、证券中心等金融机构办理业务时，经常需要做出一些动作以完成业务办理，例如眨眨眼、摇摇头、读出一段话等。这其实是在银行、保险公司、证券中心办理业务时的"双录"操作。"双录"操作可以完整、客观记录用户的业务办理过程，对风险揭示过程留痕，以便规范金融机构行为，为日后可能出现的争议提供依据。

随着金融业务的发展，许多业务场景都需要"双录"。而传统人工质检效率低、成本高，已适应不了快速发展业务的需要。而且在业务高峰期，面对应接不暇的用户需求，人工操作显然会降低服务质量。所以，这些金融机构需要借助虚拟数字人让"双录"

变得更加智能化、自动化。

标贝科技打造的 AI 虚拟数字人，全面引入人脸识别、语音合成等技术，可实现用户与虚拟数字人的“面对面”交流，非常适合智能问答、业务咨询等场景。

该虚拟数字人的双录主播功能可以实现高效服务，双录主播 24 小时上岗，且无须培训。用户在进行双录时可以自助完成录制音视频、身份认证、风险揭示、电子协议签署等认证留档过程，显著提高了“双录”的效率。

双录主播运用 TTS 语音合成技术自动播报，话语准确、清晰、完整，且支持流程、话术后台配置，可以基于不同金融服务场景设置“双录”的关键节点。双录主播还会对重要信息进行重点提示，降低了用户独立操作的难度，有效防止录制过程中出现遗漏的问题，提高了“双录”的一次性通过率。

双录主播有以下几个优势。

（1）完全自助化，释放人力，提升效率。

（2）提供定制化服务，服务内容基于业务及时更新。

（3）符合银保监会的要求，包括实时风险提示、应急预案、音视频文件永久保存等。

AI 虚拟数字人的双录主播功能可以应用于理财销售“双录”、法人开户“双录”、合同面签“双录”等金融服务场景，可以有效降低金融机构的人工成本，提高服务效率和质量，促进金融行业发展。

除了金融服务行业外，未来 AI 虚拟数字人还会有更多的应用场景，如交通、教育、医疗、政务等。未来在诸多行业，聪明、体贴的 AI 虚拟数字人将为人们在各个场景提供贴心服务，为人们带来更优质、便捷的体验。

## 5.2 价值延伸，以虚拟 IP 重塑商业逻辑

虚拟数字人可以分为功能型和身份型两种，在价值延伸方面发挥作用的主要是身份型虚拟数字人。身份型虚拟数字人主要通过虚拟偶像、虚拟员工、虚拟主播等身份来打造 IP，更强调 IP 运营属性，以此来重塑现行的商业运行逻辑。

### 5.2.1 虚拟偶像 IP：超强人气引发超值变现

虚拟偶像无疑是元宇宙与娱乐行业融合的最大风口，虚拟偶像的出现为偶像行业注入了新的活力。例如洛天依、A-SOUL 等虚拟偶像或虚拟偶像团体在偶像市场中常盛不衰，具有超强的“吸金”能力。虚拟偶像不仅能够举办演唱会，还能够作为虚拟代言人或主播进行带货。虚拟偶像的超强人气能够带来巨大流量，引发超值变现。

其中，一些虚拟偶像背靠知名 IP，聚集了海量粉丝，产生了可观的经济效益。例如，被称为“国漫第一 IP”的虚拟偶像叶修就以其超强的能力为阅文集团带来了巨大收益。作为经典网文《全职高手》的主角，叶修无疑是千万粉丝心中的超级明星，在以虚拟偶像的身份出道后，瞬间得到了广大粉丝的关注。

凭借自身人气，叶修在超级明星的路上越走越远，影响力也不断扩大。在他 22 岁生日时，热情的粉丝用他的形象点亮了纽约

时代广场、广州小蛮腰等多地的户外大屏，为其庆生。同时，强大的粉丝基础产生了超强的粉丝经济。叶修的掘金能力堪比流量明星，代言了中国银行、麦当劳、美年达、清扬等多个品牌，涵盖了食品、快消品、金融等领域。

阅文集团的 IP 运营负责人罗立曾表示，叶修为阅文集团带来了可观的营收，“如果把目前开发的相关产品及其代言的产品、品牌价值放到一起来看，叶修的商业价值超过十亿元规模”。

从叶修的超强变现能力就可以看出虚拟偶像的超强吸金力。虚拟偶像能够聚集大量粉丝，并通过粉丝经济实现变现。作为虚拟偶像的拥护者，粉丝愿意为自己的偶像买单。一份万人参与的《2021 中国虚拟偶像消费市场调研报告》显示，受访者中有 15.64% 的人很熟悉虚拟偶像，61.27% 的人听说过虚拟偶像。同时有 62.31% 的人可能会购买虚拟偶像代言的产品，9.78% 的人表示肯定会为虚拟偶像代言买单。该调研显示，消费者对于虚拟偶像存在较高的消费需求。

同时，虚拟偶像的变现方式也越来越多样。除了举办演唱会、代言、直播外，虚拟偶像还可以通过推出联名产品、游戏植入等方式拓宽变现路径。此外，在成熟的虚拟偶像的基础上，企业还可以增加人物关系设定，推出和虚拟偶像关联性强的其他虚拟偶像，组建自身 IP 矩阵。

### 5.2.2 虚拟员工 IP：品牌营销好帮手

随着元宇宙的发展以及核心技术的升级，虚拟数字人已经在现实世界的多个场景中得到应用，他们能够更好地为人类服务。

如今已经有多家企业拥有了自己的虚拟员工，这些虚拟员工不仅能够针对客户提出的问题进行更加专业的解答，还能够像真人员工一样与客户或同事进行实时交互，在工作中不断学习，丰富自己的知识储备。

例如，以 AI 技术为核心的科技公司魔珐科技曾与光大银行联手，推出了虚拟员工“阳光小智”。阳光小智是一个 3D 形象的智能客服，它不仅具有专业的业务能力，还能够提供人性化的服务。它会亲切询问客户的业务需求，并通过流畅的语言和自然的动作与客户进行自然的互动。同时，它还可以全天候为客户提供专业化的服务，实时为客户答疑解惑。

除了光大银行外，浦发银行、南京银行等都推出了自己的 AI 虚拟员工，虚拟员工在企业中的应用渐成趋势。虚拟员工在许多场景中都可以为企业提供帮助。例如，在大型商场中，虚拟员工可以提供结账、天气查询等服务；在服务机构办事大厅中，虚拟员工可以提供自助咨询服务。

多场景应用体现了虚拟员工的价值。虚拟员工可以在一定程度上取代人工，进行客户咨询、活动内容讲解、员工培训等方面的工作，将员工从重复、烦琐的工作中解放出来，进行其他更有价值的工作。同时，虚拟员工可以全天在线，随时为客户提供更多便利。

除了作为员工完成日常工作外，虚拟员工还可以成长为企业的 IP。例如，欧莱雅就推出了品牌虚拟偶像“欧爷”，助力品牌营销。

作为欧莱雅的虚拟员工，欧爷主要负责企业的公关事务，并在不同的栏目中扮演着不同的角色。例如在“欧爷百事通”栏目中，欧爷作为新闻部长，会及时发布最新的美妆动态；在“欧爷说成分”栏目中，欧爷作为专家，会讲解化妆品的成分。通过美妆新闻、化妆品成分等内容的分享，欧爷能够为人们提供多样化的专业内容。在持续分享内容的过程中，欧爷的形象不断丰满，也与更多消费者建立起了信任关系，最终成长为具有影响力的企业 IP。

对于企业来说，虚拟员工不仅能够降低人工成本、提升工作效率，还能够建立与消费者沟通的渠道，打造企业虚拟 IP。未来，随着虚拟数字人在更多企业中的应用，虚拟员工将获得火热发展，而企业也将享受到更多的虚拟员工带来的红利。

### 5.2.3　虚拟主播 IP，媒体报导形态升级

虚拟主播的应用范围十分广泛，无论是直播带货的网络主播，还是电视中专业的新闻主持人，虚拟数字人都能够胜任。最初的虚拟主持人是 2D 形象，与二次元动画中的人物形象没有什么太大区别，但随着虚拟数字人相关技术的发展，虚拟主持人如今是 3D 立体形象，也更加接近真人。

2020 年 5 月，新华社推出了虚拟主持人“新小微”，一身蓝白色正装的“她”走进虚拟演播室，新闻播报、做手势、转换表情等无一不能。

这并不是新华社首次推出虚拟主持人，早在新小微之前，新华社就已经有了虚拟主持人“新小浩”“新小萌”等。与之前的虚拟主持人不同的是，新小微是基于 3D 建模形成的超写实的虚拟主

持人。基于此，新小微不仅有栩栩如生的形象，还能够灵活地做出各种动作。同时，作为 AI 驱动的虚拟主持人，新小微的功能也更加强大。依据输入的文本内容，新小微能够自动播报新闻，并做出自然的表情、动作等。

除了新华社外，中央广播电视总台、湖南电视台等很多传媒机构都推出了虚拟主持人。这些虚拟主持人都可以自动完成播报。为什么传媒机构如此看好虚拟主持人？相比于真人主持人，虚拟主持人拥有更多优点，如图 5-2 所示。

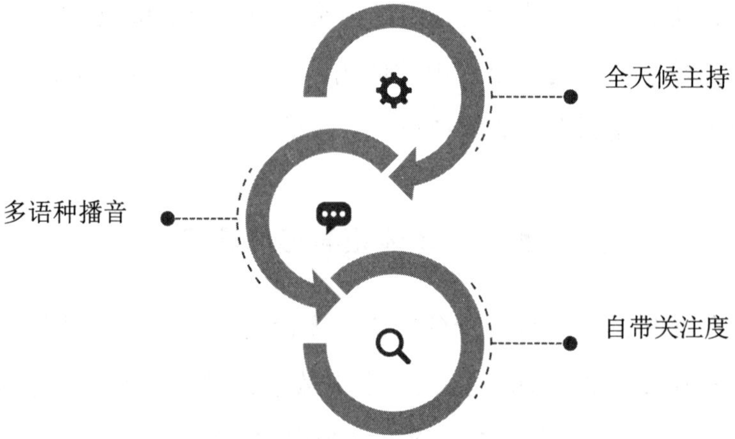


图 5-2　虚拟主持人的优点

1. 全天候主持

现实中，真人主持人在长时间工作后就会疲惫不堪，很容易产生口误。而虚拟主持人可以全天候待命，不会疲惫，不会口误，能够根据工作需要高质量地完成工作。

2. 多语种播音

传媒领域虽然有一些可以多语种播报的真人主持人，但也是稀缺人才。而虚拟主持人在 AI 技术的支持下，可以更轻松地进行多语种播报。科大讯飞就曾推出一个能够进行中、英、日、韩等多语种播报的虚拟主持人“小晴”，它能够单独完成多语种播报的工作。这样的虚拟主持人能够大大节省新闻播报的人力和物力。

3. 自带关注度

相比真人主持人，虚拟主持人因具有新奇性而更受人们关注。央视主持人撒贝宁曾和一个酷似自己的虚拟主持人同台主持。在对话中，虚拟主持人妙语连珠，甚至会抢台词，让观众忍俊不禁。

当前虚拟主持人在传媒领域的应用已经较为普遍。未来，随着虚拟数字人技术的发展，虚拟主持人也将进一步发展和普及。

## 5.3 众企业加码，以细分赛道进军元宇宙

元宇宙虽然是一个笼统的概念，但其内容和市场却可以被严格细分。虚拟数字人虽然当前还处于赛道发展的初期，但其所拥有的是一片广阔的蓝海市场，发展潜力无限。而这也是众多企业在这条赛道上加码的原因。

### 5.3.1 直播平台：开放技术，助力主播打造自身虚拟形象

目前，虚拟数字人市场中的大部分企业专注于虚拟数字人制作和为用户提供完善的方案，但有一类企业则聚焦于虚拟数字人开放平台的开发。与元宇宙游戏平台 Roblox 类似，这种开放性的虚拟数字人技术平台能够为用户提供打造个人虚拟形象的必要工具。例如虎牙推出了首个虚实结合开放平台 HERO，开放性的接口和技术，能够让虎牙主播自己创造个性化的虚拟形象。

HERO 平台展示了虎牙先进的虚拟数字人技术。借助先进的计算机动画、动态骨骼和实时演算等技术，虚拟数字人不仅能够在直播镜头前展示出生动的微表情，还能够进行复杂的动作表演。同时，渲染技术生动展示了人体皮肤、毛发、衣物等的真实质感。在多种技术的支持下，虚拟数字人能够提供接近真实的视觉体验。

同时，HERO 平台能够实现真人主播形象的复刻，即主播不必创造其他虚拟形象，而是可以获得一个高度还原自身容貌的虚

拟数字人。借助这一技术，无论是虚拟 IP 形象，还是真人主播，都可以以高度还原的虚拟数字人形象进行直播，延续自己的 IP 影响力。

此外，在直播内容方面，借助 HERO 平台打造的虚拟数字人，主播可以完成现实中无法完成的直播。例如，主播可以通过虚拟数字人的模拟完成一些高难度的舞蹈动作。在虚拟数字人的赋能下，主播能够展现更丰富、有趣的内容。

HERO 平台不仅可以改变真人主播的直播形式，还能够推动更多的虚拟 IP 进入直播领域。借助 HERO 平台，各领域的虚拟 IP 都可以以 IP 形象开启直播，打通营销新渠道。这意味着，影视、动漫、游戏中的虚拟 IP 形象都可以走进虎牙直播间，通过直播提升自身影响力。或许在不久的将来，越来越多虚拟 IP 形象将在虎牙开启自己的直播生涯。

### 5.3.2　科技企业：打造虚拟数字人场景应用方案

虚拟数字人能够在多个行业发挥作用，例如虚拟偶像、虚拟主持人、虚拟代言人等。市场对虚拟数字人有需求，那么企业就会调整产品战略，满足市场需求。因此一些科技企业就开始将虚拟数字人的相关技术进行整合，为有需求的企业打造个性化的虚拟数字人场景应用方案。

在这方面，相芯科技依托语音动画合成技术，推出了虚拟员工解决方案。融合了多种企业知识的虚拟员工，能够提供日常工作问题咨询、迎宾讲解等多种服务。通过语音唤醒，人们能够和智能大屏中的虚拟员工进行自然的沟通，了解各种企业信息。

虚拟员工不仅能够回答人们当前提出的问题，还能够对当前的问题和之前的问题进行综合理解，和人们进行多轮智能沟通。例如，当人们询问“今天的天气怎么样”时，虚拟员工会回复“你要查的地点是哪里呢”，当得到具体的地点后，虚拟员工就会自然地回答出这个地点的天气情况。这种自然的对话模式能够带给人们更真实的沟通体验。

同时，基于企业对虚拟代言人的需求，相芯科技能够根据不同企业的需求打造个性化的虚拟代言人、吉祥物等 IP 形象。在展示风格方面，相芯科技提供 3D 卡通动物、3D 卡通人物和拟真的真人形象等不同风格的 IP 形象。

除了相芯科技外，魔珐科技也推出了虚拟数字人解决方案。魔珐科技经过多年的技术积累，推出了端到端的虚拟数字人解决方案，实现了虚拟数字人面部及身体扫描、建模、绑定、实时动画、渲染等全流程的制作，打通了超写实虚拟数字人制作的全路径。同时，其推出的虚拟数字人解决方案能够实现规模化应用，在多场景实现落地，如应用于企业内部、博物馆、线下商场等多场景中。

当前，这些科技公司推出的虚拟数字人解决方案已经逐步实现了商用，也受到了很多企业的追捧。未来，随着科技的发展，虚拟数字人的功能将更加丰富，应用场景也将进一步扩大。

### 5.3.3 IP 运营商：打造功能多样的数字人 IP

想要在虚拟数字人赛道上获得优势，单凭技术是不够的，企业还要学会合理布局虚拟数字人的内容运营。只有布局得当，虚拟数字人发展起来才会更容易。例如虚拟生态公司次世文化就凭借虚拟数字人 IP 的打造和运营获得发展优势，得到红杉资本等投资机构的关注和投资。截至 2021 年末，次世文化累计融资逾千万美元。大笔资金的注入使得次世文化能够更好地深入布局元宇宙，突破商业模式瓶颈，开辟商业新篇章。

次世文化的虚拟数字人产品主要分为以下 3 类。

第 1 类是明星虚拟形象产品，即为真人明星打造并运营虚拟形象。当前，次世文化已经和诸多明星合作，为其打造个性化的虚拟形象。在完善的运营规划下，明星也可以以虚拟形象承接代言、出席活动等，拓宽收入渠道。

第 2 类是细分领域原创产品，即在细分领域推出原创虚拟数字人，并通过长久的运营将其打造为虚拟 IP，以此实现商业化创收。例如，次世文化曾与魔珐科技共同推出虚拟 DJ“Purple”。Purple 是一名颇具才华的电音少女，可作为虚拟偶像推出自己的专辑。目前，Purple 已经和虚拟艺人厂牌 NO PROBLEM 签约，并与 *Owhat*、*Wonderland* 杂志达成了合作。未来，Purple 将推出自己的电子音乐作品，引领潮流文化新时尚。

第 3 类是品牌 IP 定制化产品，即为品牌打造个性化的虚拟代言人。例如，次世文化曾为花西子打造了虚拟代言人“花西子”。“花西子”的形象灵感源于“欲把西湖比西子，淡妆浓抹总相宜”的诗句，整体形象清丽典雅，具有东方古典之美。为了打造该形象的记忆点，次世文化还特意在“花西子”眉间点了一颗“美人痣”，让其形象更有特色。

依托以上 3 条主要产品线，次世文化打造了各具特色的虚拟数字人 IP。虽然产品类型不同，但其设计理念是一样的，即依据需求倒推产品。例如在为企业打造虚拟代言人时，次世文化会深入调研企业的用户需求，并结合企业定位打造虚拟代言人；在打造原创虚拟数字人 IP 时，次世文化会聚焦细分领域，明确虚拟数字人的定位。当前，次世文化和众多明星、企业达成了合作。未来，其将加深在虚拟数字人领域的探索，打造出完善的虚拟数字人 IP 矩阵。

# 第 6 章　沉浸式社交：未来社交新模式

人是社会性群居动物，只有进行日常社交活动，人的社会性需求才能够得到满足。社交的本质是人与人之间通过某种方式或工具传递信息或者表达情绪，以此来满足自我需求的行为活动。在现实世界中，最常见的社交形式是面对面聊天、写信、发电子邮件、打电话、线上聊天等。而到了元宇宙时代，用户凭借独特的虚拟数字人形象和个性化的社交信息，能够在多元化的元宇宙场景中进行互动。沉浸式社交也是未来社交的新模式。

## 6.1　社交变迁：元宇宙开启社交新纪元

元宇宙包罗万象，现实世界中的任何场景都能在其中找到镜像，包括社交场景。人类从诞生开始就离不开社交，人的一切社会行为都源自社交。但当前的社交形式已经无法满足人们的社交新需求，互联网社交也已陷入发展瓶颈，而元宇宙社交的诞生则打破了这一困境，开启了社交新纪元。

### 6.1.1 要素更新：虚拟化身 + 沉浸式体验

元宇宙社交并不等同于简单的虚拟社交。很多人认为元宇宙社交就是通过 AR/VR 设备进行远程线上社交，实际上这是一种误解。元宇宙社交是虚拟社交的更高层次——社交 4.0 时代。它是通过人们在元宇宙中的虚拟化身以及多元化社交场景为人们带来社交的沉浸式体验。

目前，在沉浸式社交方面，已经有一些平台进行了探索。例如，VR 社交平台 VRChat 就打造了一个沉浸式交互空间。相比于当前一些以虚拟形象定制出圈的社交平台而言，VRChat 里的用户形象不再是一个虚拟形象，而是真正可以实时反映用户行为的虚拟化身，拥有更多自由活动的空间。

借助外置可穿戴设备，以及眼球追踪、运动捕捉等多项技术，用户可以以虚拟化身自由地在虚拟世界中游戏、社交，可以与其他朋友一起散步、聊天、打保龄球、跳舞等。VRChat 将用户的虚拟化身与沉浸式社交紧密结合起来，能够满足用户的游戏、社交互动需求以及情绪体验。

具体而言，VRChat 对于虚拟世界沉浸感的打造主要表现在以下两个方面。

一方面，VRChat 能够实现沉浸式情境互动。为提升用户的交互性，VRChat 打造了数百个交互场景，为用户创造了多样、拟真的社交环境，以满足用户的情感预期。同时，VRChat 在场景设计方面赋予用户更多自主权。用户可以充分发挥自身想象力，设计各种超现实的奇幻场景。

另一方面，借助先进的 VR 技术，VRChat 在打造用户临场感方面十分具有优势。在 VRChat 中，用户可以借助 VR 设备控制虚拟世界中的虚拟化身，自由展现不同的动作、表情，以第一视角与其他用户进行有触感的互动，获得真实的交互体验。这为用户提供了一种面对面交流的临场感。

未来，随着元宇宙的发展，实时交互的虚拟社交将逐渐成为更主流的社交方式，为用户带来更真实、更自由的线上社交体验。

### 6.1.2　功能革新：搭建并完善虚拟生活社区

2021 年年底，天下秀官宣了我国首个基于区块链技术的元宇宙社交平台——虹宇宙（Honnverse）。天下秀是我国优质红人新经济平台，致力于开发前沿社交平台。在元宇宙爆火之后，天下秀便着手进入元宇宙社交领域。虹宇宙是通往互联网下一个时代的入场券，它将构建用户、创作者与品牌之间全新的连接生态。

作为我国首个基于区块链的 3D 虚拟社交平台，虹宇宙以 Z 世代的 3D 虚拟星球为背景，通过构建虚拟身份、虚拟空间、虚拟道具等，联合全球社交红人，打造出一个沉浸式的泛娱乐虚拟生活社区。

不同于游戏产品，虹宇宙打破了虚拟和现实的界限，让虚拟世界变成平行宇宙。在虹宇宙中，用户可以自行构建场景，例如自定义自己的 3D 虚拟形象、自定义虚拟房屋的装修、通过开放内容平台和工具进行创作等，体验独特的虚拟社交生活。

同时，在构建虚拟场景的过程中，虹宇宙利用去中心化的共识机制解决信任问题，拓展了虚拟社交的宽度、广度，从而使全新的商业模式落地，打造去中心化红人经济模式。虹宇宙为粉丝构建沉浸式互动场景，使红人、品牌、虚拟形象等元素打破时空的限制，出现许多 IP 联动的新玩法。这既与粉丝拉近了距离，又促使虹宇宙成为未来虚拟世界的流量新地标。

此外，虹宇宙依托区块链的公开透明性，以及具有自动化、可编程、可验证等特性的智能合约，保护创作者社交资产的版权，并基于此推出了数字藏品展示、IP 衍生品发布等创新玩法，给予用户全新的社交体验。

未来智库曾在研究报告中这样描述元宇宙：沉浸感、参与度都达到顶峰的元宇宙，或许将会是互联网的终极形态。虹宇宙通过区块链技术创新应用，搭建全新的内容创作新生态，不仅给用户提供沉浸式虚拟社交体验，还构建出体验式社交消费场景，使用户能够真正参与并创造虚拟世界。这样的突破式虚拟社交创新，打开了元宇宙的更多想象空间。

## 6.2　平台突破：新兴元宇宙社交平台不断涌现

元宇宙社交平台的突破离不开 AR/VR 等技术的支持，特别是 VR 虚拟现实技术。最初的元宇宙社交需要用户穿戴 VR 设备才能实现，而如今新兴元宇宙平台不断涌现，用户的社交体验也越来越好。

### 6.2.1　推出平台，实现更多社交功能

Meta 在各条元宇宙细分赛道上都保持着一马当先的态势，在元宇宙社交这一赛道上也不例外，具体表现为 Meta 推出了自己的 VR 社交平台 Horizon Worlds。其创始人马克·扎克伯格表示，Horizon Worlds 不仅能够实现传统的 VR 社交功能，还能够在更广阔的元宇宙社交领域发挥作用。

在 Horizon Worlds 中，用户创建好自己的虚拟形象后，就可以通过传送门前往各个虚拟场景，和其他用户体验多样的游戏，或参加绘画、钢琴演奏等不同主题的聚会。除了体验不同的场景外，用户也可以借助 Horizon Worlds 提供的多样的创作工具创建自己的世界。

依托先进的 VR 技术，Horizon Worlds 能够识别用户的表情和手势，使虚拟化身的表情、动作更加自然，带给用户更高的沉浸感。同时，为了强化社交功能，Horizon Worlds 推出了发现附近好

友、申请加好友等社交功能，便于用户在虚拟世界中交朋友。

元宇宙社交需要海量内容作为支撑。为了激励 Horizon Worlds 中的用户积极进行内容创作，2021 年 10 月，Meta 宣布成立一个 1000 万美元的创作者基金，鼓励用户创作内容，同时制定了相应的创作激励计划和资金奖励机制。此外，Meta 表示将在未来举办一系列的创作比赛，丰富 Horizon Worlds 的世界。当前，Horizon Worlds 已经实施了创作者激励计划，帮助用户学习、使用该平台的创作工具并进行创作。

VR 社交应用的发展为人们提供了一个获得沉浸式社交体验的入口，也激发了人们对于元宇宙的想象。虽然当前的 VR 社交应用在拟真度、自由度和社交场景等方面还有很大的进步空间，但随着技术的进步，VR 社交平台也会不断扩展，新的功能、新的场景也会逐渐出现。在虚拟社交边界不断扩展、虚实社交关系逐渐交织的未来，元宇宙社交终会实现。

### 6.2.2 聚焦 Z 世代，领跑社交领域

Z 世代是互联网的原住民。这一代人的成长伴随着移动互联网、游戏、二次元等事物的发展，因此他们的社交重心更加偏向互联网，也更容易接受元宇宙社交形式。QuestMobile 提供的数据显示：截至 2020 年 11 月，Z 世代在网活跃用户规模达 3.2 亿，占全体移动网民的 28.1%。这是一片庞大的蓝海市场，谁若能吸引 Z 世代，谁就能领跑整个元宇宙社交行业。

在元宇宙社交方面，Soul 一直致力于为用户提供更加丰富、更加沉浸式的社交体验。虽然目前 Soul 还无法打破时空限制，但

在很多方面已经初现元宇宙社交的雏形。

Soul 支持用户自定义虚拟形象，展示更有个性的自己。同时，除了展示自己的年龄、性别、所在地等基本信息外，用户还可以选择适合自己的标签、录制声音名片等，更全面地展示自己。设置好个人基本信息后，用户需要填写测试问卷，明确自身的性格、爱好等，然后就会被分配到最适合自己的“星球”，结识更多志同道合的朋友。

用户可以通过文字、语音、视频等方式和他人交流，还可以通过发布内容展示自己的爱好，获得他人的关注、评论和点赞。此外，用户还可以参加多人语音互动的群聊派对或和其他用户一起玩狼人杀游戏。

用户的这些社交活动都是基于 AI 算法匹配的，这也是 Soul 的一大特色。AI 算法会将用户、内容等进行分类和匹配，同时也会根据用户的兴趣爱好和行为习惯修正匹配模型，进行更精准的匹配。在 AI 算法的支持下，用户可以很容易发现同类用户或内容，与其互动并引起共鸣和回应，获得更好的社交体验。

Soul 依靠 AI 算法将具有相同爱好的用户聚集到一起的社交规则，能够在很大程度上消除用户虚拟社交的孤独感，让用户在 Soul 中获得归属感。同时，基于虚拟形象和个人爱好的社交能够使用户摆脱地域、外貌、社会地位等因素的干扰，变得更加自由。

同时，Soul 在不断迭代的过程中融入了越来越多的功能。除了“多对多”的群聊派对、狼人杀等社交游戏外，Soul 还推出了具有社交电商功能的 Giftmoji，用户可以在线上向朋友赠送虚拟礼物，如潮牌服饰、盲盒等，而现实中的朋友也会收到相应的实体礼物。

Soul 为用户提供了一个更加自由的虚拟社交空间和多样的社交玩法，使用户获得了多样的虚拟社交体验。虽然其在元宇宙社交方面并不成熟，但也展现了一种元宇宙社交的雏形。未来，在元宇宙中依托虚拟形象和虚拟身份进行的社交，能够使用户突破地域障碍，更真实地展现自我个性。

## 6.3　场景延伸：社交深入更多领域

社交场景其实并不仅局限于聊天，而且可以有多种表现形式。例如社交场景与游戏结合，能够完善虚拟世界中的社交关系；社交场景与购物结合，能够将线下社交场景迁移至线上。

### 6.3.1　社交与游戏结合：虚拟世界中社交关系更加完善

社交场景与游戏的结合突破了虚拟社交的局限，展现了元宇宙社交的更多可能性。社交的组成要素有 3 个：社交内容、社交对象和社交场景。社交对象是社交内容的创造者，同时也是社交场景的决定者，例如说什么话、选择在哪里交谈等。社交场景是仪式感的主要来源，而社交内容就是社交对象的语言、表情和动作。

当社交转移到线上时，这几个要素就会发生变化。在虚拟世界中，我们难以获取社交对象更多的信息，导致关系难以轻易建立。虚拟的社交场景减少了现实世界对人的约束，让我们的行为更加自由，传达信息由表情、肢体语言等形式变为文字、语音、图片等形式。虽然在虚拟场景中进行社交会丢失部分信息，但也减少了负担，使表达更直接。此外，信息传达方式的变化，在一定程度上催生了新的语言形式，让其成为区分某一群体的标志。

同样，游戏中的社交也要具备这 3 个要素。那么，如何以这

3个要素为依托，构建游戏虚拟世界中完善的社交关系呢？

1. 社交内容

游戏的社交内容极度聚焦，很少脱离游戏内容。例如，在《王者荣耀》中讨论战绩，在《绝地求生》中讨论武器装备等。但是，并不是游戏中的所有内容都可以成为社交内容，只有具有分享、共情、争议3个特点的内容，才能作为社交内容。而社交内容的多寡，决定了游戏社交的黏性高低。

（1）分享指的是单方面向外传播一个信息，如游戏获胜、游戏里的新角色等。分享的内容一定要能够吸引别人的眼球，并不是所有内容都值得分享，例如，所有用户每天必做的日常任务就没有分享的意义。

（2）共情指的是在分享的基础上，有互动目的的内容。例如，用户分享了某角色的技能装备，获得其他用户点赞，这就是良性互动。游戏是一个目的明确的社交载体，丰富的内容可以驱动社交。

（3）争议指的是用户之间对游戏内容的讨论。游戏内容很多，用户需要自行探索。在这个过程中，不同用户对同一内容产生不同的理解，就会产生争议。正面的可争议内容，是社交的利器。

2. 社交对象

相比其他虚拟世界中的社交身份模糊化，游戏用户通常有另一种身份，即游戏角色，这个身份可以帮助用户建立初步的身份信息。例如，在《王者荣耀》中，用户常用的英雄、胜率等本在后台的数据被提到了前台，成为一种身份信息。丰富的身份信息，非常有利于社交。此外，如果我们用微信等社交账号登录游戏，可以引入其他平台的社交关系链，快速构建身份信息。

3. 社交场景

游戏的社交场景的定位一般都是辅助游戏，例如用户找人组队就是一个社交场景。这样的社交场景比较简单，而且丢失了仪式感。并不是所有信息都是用户关心的内容，游戏企业可以通过对信息进行分级来重塑仪式感，例如，公共频道的信息就应该比私人信息的分级低，私人信息应该有更特殊的表现形式，以此来塑造仪式感。

随着游戏内容的不断丰富以及相关技术的不断升级，游戏的沉浸度逐渐提高，游戏社交的沉浸感也得到进一步提升。未来，用户将会“面对面”一起打怪升级、探索游戏内容，在奇幻的游戏世界冒险。

### 6.3.2　社交与购物结合：线下社交模式向线上迁移

元宇宙中必然少不了购物场景。在很多元宇宙游戏中，用户都可以去元宇宙商城购物，与售货员进行交流。购物场景是元宇宙社交场景中很重要的一部分。如今元宇宙社交平台的出现能够对这个场景做进一步的延伸，通过打造虚实结合的购物场景，完美还原用户在线下逛街、购物的体验。

元宇宙一号城是率先进入元宇宙的商业地产项目。元宇宙一号城以虚拟数字人的视角，持续输出内容与用户互动，穿搭推荐、拍照打卡等场景应有尽有。此外，元宇宙一号城的线上商城还建立了潮流数字推荐官同款专区，尝试开发数字商品，构建会员虚拟身份，为消费者及品牌提供全新的数字化体验。

元宇宙一号城围绕基础场景、业务场景、数字场景 3 大场景进行创新，应用 BIM（建筑信息模型）和 3D 点云扫描技术构建出元宇宙一号城的数字孪生体，与现实世界的购物中心相呼应。此外，元宇宙一号城利用数字化运营管理平台，实现虚拟与现实之间的互动，让消费场景智慧化、运维服务智能化、资产管理数字化。

元宇宙一号城利用全息影像、VR、AR、人工智能、5G 等技术，打造出沉浸式剧场、商业街区、游戏体验中心等，消费者在其中能得到更多的沉浸式体验。消费者在这里不仅可以娱乐、购物，还可以进入虚拟动物园，与恐龙互动。

虽然目前元宇宙还处于初级阶段，但随着技术的成熟，元宇宙也许是各大领域破局的关键。不仅是消费场景，未来还会有更多场景能够为人们提供丰富的虚拟社交体验，让社交更有趣。

## 6.4　可行实践路径：从细分角度切入

元宇宙社交场景与购物场景的结合能够显著推动社交与购物的双向变现，那么企业究竟应该从哪些角度切入，才能够找到变现的可行实践路径呢？相关企业可以从形象打造、产品研发和数字藏品等细分角度切入，实现社交与购物场景结合的变现。

### 6.4.1　形象打造：为用户构建多样的虚拟化身

2022 年 3 月，腾讯旗下的知名手游《王者荣耀》与 1987 年版本的电视剧《西游记》联动的又一款“皮肤”上线。此次在商城中上线的是游戏角色公孙离的玉兔公主“皮肤”，属于高品质的限定“皮肤”，其价格较高，但是上线短短几天内，其销售额就突破了百万元。

那么为什么一款只能够在游戏中欣赏、使用的服装能够受到用户的大力追捧，以至于远超现实世界中很多服装的同期销售额呢？实际上这背后显示了用户个性化的消费需求。

在现实世界中，人们购买商品时往往会注重商品的实用性，但在虚拟世界中，由于虚拟商品是以虚拟人物为载体呈现出最终效果的，因此美观度就成了影响用户购买的、较为重要的指标。例如在游戏中，精美的“皮肤”设计、酷炫的技能展示和“皮肤”自带的背景音乐等都是吸引用户购买“皮肤”的重要因素。

在游戏中，用户愿意购买穿戴在虚拟人物身上的“皮肤”，同样地，在元宇宙中，用户也愿意为穿戴在虚拟形象身上的服装买单。在元宇宙中，每个用户都会拥有自己的虚拟形象，为了获得更好的元宇宙体验、展示自身个性等，用户存在装扮虚拟形象的需求，而营销对象便从现实中的用户变成了这些虚拟形象。

虚拟形象科技公司 Genies 经过长期探索，在元宇宙营销方面打造了一种新的营销模式。在 Genies 平台上，用户可以根据自己的喜好自建一个虚拟形象，这个形象可以是真人形象，也可以是动物、外星人等。

此外，Genies 平台还提供可供虚拟形象穿戴的设备，如头盔、服装、武器等，用户可以通过充值购买或参与 Genies 的官方活动获得。目前，环球音乐集团已经和 Genies 达成了合作。Genies 为环球音乐集团旗下的艺人提供虚拟形象和可穿戴的虚拟服装。艺人可以以虚拟形象和粉丝进行互动，也可以出售其虚拟形象和可穿戴的虚拟服装。同时，获得艺人同款虚拟形象和服装的用户也可以在 Genies 平台中使用它们。

随着元宇宙的发展，将有更多的人在元宇宙中以虚拟形象生活。面对这种趋势，企业需要拓宽视野，关注营销对象的转变，并据此推出新的虚拟商品。或许未来的元宇宙中会有更多更加科幻的服装、宠物、载具等，这样不仅用户可以获得更新奇的元宇宙体验，企业也可以在新的赛道上实现腾飞。

### 6.4.2 产品研发：布局元宇宙社交产品“派对岛”

2022 年 1 月，知名互联网企业字节跳动宣布将推出元宇宙社交 App“派对岛”。相较于腾讯、网易等同行们在元宇宙游戏领域发力，字节跳动选择的元宇宙社交赛道似乎更符合自己的调性，因此才有了派对岛的诞生。

当人们通过邀请码进入派对岛后，就可以自由地创建虚拟角色，打造一个虚拟世界中的自己。创建虚拟角色的方法与腾讯的 QQ 秀非常相似，人们可以根据自己的喜好对虚拟角色进行装扮，然后以虚拟角色正式加入派对岛，享受沉浸式的社交体验。例如，派对岛中有虚拟音乐派对，人们可以通过虚拟角色参加。在音乐派对中，人们不仅可以听到实时播放的音乐，还可以与其他人攀谈，讨论当下热门新闻。

字节跳动入局元宇宙社交已经不是秘密，从 2021 年下半年开始，它就一直在积极完善元宇宙社交生态，例如并购 VR 设备供应商 Pico、为设计并量产了半导体 AR 眼镜硬件产品的企业光舟半导体投资、为虚拟数字人开发商投资、研究升级版元宇宙社交产品等。

在元宇宙时代，社交、内容、全球化都是字节跳动的标签。字节跳动希望自己可以重塑传统社交模式，将元宇宙更好、更快地融合智能设备中，从而尽早实现社交升级。

不可以否认的是，我们都离不开社交，也十分需要社交。因此，字节跳动的元宇宙社交在未来一段时间内还是很有发展潜力的。

### 6.4.3 数字藏品：接入数字藏品工具集

很多人认为元宇宙中的社交场景与数字藏品不会产生密切的联系，但实际上这是一种误解。在现实世界中，人们参加拍卖会或者购买藏品都会产生社交行为，例如介绍藏品、商谈价格等。有人的地方就会有社交，在元宇宙中也不例外。不少元宇宙社交产品都试图引入用户创造内容的模块，力求打造多元化的社交场景。

例如天下秀集团旗下的虹宇宙就接入了自媒体数字藏品工具集 TopHolder（头号藏家）。在功能上，TopHolder 将为虹宇宙引入大量创作者的优质数字作品，推进平台内 UGC 内容生态建设。具体而言，TopHolder 具有以下两大功能。

一方面，TopHolder 能够实现数字藏品一键生成，将数字作品变为数字藏品。TopHolder 是天下秀旗下区块链价值实验室推出的面向社交平台的自媒体数字藏品工具集，为用户提供包括数字藏品生成、收藏、展示等功能的一站式解决方案。这样一来，用户可以变为数字藏品内容的创作者，藏家收藏数字藏品也具有了更大价值。通过 TopHolder，创作者可以将发布于平台的原创作品进行登记和“上链”，将作品转化为数字藏品，而藏家在收藏藏品时也可以通过溯源得知藏品的创作者信息。

另一方面，TopHolder 可以实现数字藏品确权，支持更多用户成为创作者。在 TopHolder 未出现之前，虹宇宙中同样存在大量的数字作品。但这些数字作品往往只能发挥其内容传播价值，而商业价值尚待挖掘。在接入 TopHolder 后，其为用户提供了可实现价值共享、不可篡改、可追溯的区块链网络，让数字藏品的著作权、所有权等得以确认，让创作者的版权保护成为可能。

TopHolder 接入虹宇宙，大大提高了平台中数字内容的社交属性。基于开放的 TopHolder 工具集，用户得以成为数字藏品的创作者，可以借助高度自定义的虚拟场景编辑入口自由创作数字内容。同时，TopHolder 也提供了用户与自己喜爱的红人互动社交的新空间。TopHolder 与虹宇宙携手为用户提供了一个更多元的数字内容展示社区。

未来，随着虹宇宙内容、应用的不断增多，更多工具的出现和更多功能的打通将丰富创作者的内容创作维度。创作者可以不再拘泥于现实中的材料限制、物理规则等，通过计算机算法生成更先进的创作形式，创作出更加奇幻的数字作品。虹宇宙开放式的内容生态布局将在未来吸引更多创作者加入，从而推动平台内容的持续繁荣。

此外，虹宇宙与 TopHolder 的携手也体现出其在创作者经济方向的迈进。双方的合作将有助于优质数字藏品创作者实现藏品价值，通过创作获得收益。未来，随着虹宇宙数字藏品生成、收藏、展示、交易等全流程解决方案的实现，元宇宙社交将展现更大的吸引力。

# 第 7 章　数字化车联网：驶入虚实相融的未来

汽车是人们日常生活中最重要的交通工具之一，从最早的三轮汽车到如今各种各样的汽车，汽车也一直在随着时代的发展而发展。当今时代是一个万物互联的时代，万事万物都能够与互联网产生交集，汽车行业也不例外。

汽车包括轿车、客车、货车、公交车等，汽车被公认为继 PC 端和移动端之后的第三大互联网入口。数字化车联网即汽车物联网，它通过最新的信息通信等数字化技术，以行驶中的汽车为感知对象，将车与人、车、路、服务平台连接起来，为人们提供更好的驾驶体验。

## 7.1　拆解车联网：互联网发展的核心战场

车联网属于物联网中的一部分，同样也是当今互联网发展的核心战场。车联网不仅能够实现车与人、车与车、车与路等的互联，还能够给人们带来更好的智能驾驶体验。可以说，车联网的发展实际上是互联网时代的选择。

### 7.1.1 车联网：人车通信 + 车车通信 + 车路通信

车联网的应用不仅能够使汽车驾驶更加智能，为用户提供安全、舒适的驾驶体验，还能够通过车辆与外部信息节点之间的信息数据共享实现智能化的道路协同控制，从而构建起一个更加安全、更加智能的交通生态体系。

车联网可以用 V2X（车路无线通信技术）来表示，因为车联网的含义为车联万物，即包括 V2V（车与车）、V2P（车与行人）、V2R（车与路）、V2I（车与基础设施）、V2N（车与网络）、V2C（车与云）等多个部分。而在实际应用中，车联网的功能主要体现为人车通信、车车通信与车路通信 3 个方面。

1. 人车通信

人车通信建立在智能汽车技术体系的基础上。例如网联通信技术具备多模式通信功能，无论人在车内还是在车外，都能够与车进行信息交互；而智能交互技术为人车通信提供了接口，为多种车载应用功能的实现奠定了基础。基于多种智能汽车技术的应用，车上的人员可以通过语音或手势与车辆进行互动，而车辆也能够通过语音播报回复互动信息，还能够主动监测车上人员的健康状态，主动安全驾驶或做出及时预警，为驾驶员与乘客提供安全、人性化的服务。

2. 车车通信

车与车之间的通信主要是通过早期的 DSRC 技术（一种短程通信技术）和后来的 C-V2X 技术（以蜂窝网络为承载的 V2X 车际通信新兴技术）来实现的。早期的 DSRC 技术是给路侧基础设施装上通信传输设备，形成“车—通信传输设备—车”的通信模式，但是这种技术覆盖范围小。随着蜂窝移动网络的普及，C-V2X 技术能够实现车辆与车辆之间的局部组网，即使相隔很远也能够实现短时间内的实时信息交流，其传输延误可以控制在毫秒之间。

3. 车路通信

车路通信实际上有一段漫长的发展历史，主要经历了 3 个阶段。

在发展初期，由于道路和车辆的数字化程度都较低，因此车路通信频率也很低，车路通信信息的交换和处理都较为简单。在这一阶段，只有少部分车辆会通过 2G、3G 等技术向管理平台上报位置和状态，便于接受监管和调动。而且早期的道路信息只能通过短信或车载广播等方式告知车辆，极有可能出现车辆已经堵在了路上，短信才刚刚发过来的情况。

在发展中期，随着雷达、摄像头及 4G 的优化与普及，越来越多的车辆与管理平台建立起了联系，而且图像识别等技术的成熟也为实时交通情况收集提供了基础。得益于 C-V2X 技术的应用，车辆与路侧基础设施能够实现快速信息交互，道路信息对于车辆来说不再可有可无。此时的车路通信能够实现双方数据实时共享，功能应用也大大增加。

而在现在以及未来，随着 5G 与 V2X 技术的不断融合，边缘计算、路侧基础设施信息传递功能的不断升级，车路通信的范围与性能也会大大提升。车辆信息能够获得更精准的处理，而路侧基础设施已能够向车辆提供针对性的处理建议以及规划行驶路径。在这个阶段，车路通信能够为自动驾驶、智能驾驶提供全场景服务，优化整个交通生态体系。

### 7.1.2 核心功能：自动驾驶 + 智能座舱 + 智慧管理

车联网的核心功能主要包括自动驾驶、智能座舱及智慧管理3部分。自动驾驶的概念很早之前就出现了，它主要分为辅助驾驶、部分自动驾驶、有条件自动驾驶、高度自动驾驶以及完全自动驾驶5种类型，如表7-1所示。

表 7-1 自动驾驶类型及其概念

| 类型 | 概念 | 控制者 | 监督者 | 应用场景 |
|---|---|---|---|---|
| 辅助驾驶 | 在特定范围内，系统持续执行横向或纵向运动的驾驶任务，其余驾驶任务由驾驶员完成 | 人与系统 | 人 | 自适应巡航等 |
| 部分自动驾驶 | 在特定范围内，系统持续执行横向或纵向运动的驾驶任务，驾驶员负责监督和处理突发事故 | 系统 | 人 | 自动泊车、交通拥堵路段等 |
| 有条件自动驾驶 | 在特定范围内，系统持续执行全部驾驶任务，驾驶员负责处理系统故障时的接管请求 | 系统 | 系统 | 高速公路、交通拥堵路段等 |
| 高度自动驾驶 | 在特定范围内，系统持续执行全部驾驶任务，并负责处理突发事故 | 系统 | 系统 | 高速公路、城市大部分路段等 |
| 完全自动驾驶 | 在所有驾驶场景内，系统持续执行全部驾驶任务，并负责处理突发事故 | 系统 | 系统 | 所有驾驶场景 |

所有自动驾驶的场景都需要用到标量、矢量和矩阵 3 者结合的异构算力，而算力的评价可以分为两方面。其一是 AI 算力，AI 处理器为自动驾驶场景提供针对性的矢量和矩阵算力；其二是 CPU 算力，CPU 主要提供标量算力，用于测量处理器的运算能力，常用于处理器的整体运算性能测试。自动驾驶功能涉及通信、计算两大领域，例如华为推出的 AOS 操作系统就结合了 5G 通信技术，使算力有了很大的提升。

智能座舱是车联网的另一个重要功能。一个完整的智能座舱系统应该包括用户体验、功能实现与控制管理 3 方面。

首先，智能座舱要为用户提供安全、舒适的驾驶及乘车体验。例如座椅可以根据人体工学自动为车上人员调整座椅的形状和硬度，采用不同材质的材料打造座舱内饰，智能调节座舱内的亮度等。

其次，智能座舱功能的实现要更加全面，当前主要集中在行车参数、驾驶信息、导航、通信及娱乐等方面。智能座舱功能的实现主要由智能座舱域控制器负责。在车辆域架构设计中，域控制器能够集成小控制器、小执行器，将算法标准化，实现控制器的精简、优化。智能座舱域控制器就负责 HMI 交互（人机界面交互）和其他相关座舱功能的实现。

最后，智能座舱的控制管理要更加智能，例如屏显的人性化、多屏化，车上人员向车辆输入信息时更加方便，而车辆做出的反馈信息也更加容易被接收到。例如华为就推出了鸿蒙智能座舱操作系统 HOS，实现人、车、云之间的跨终端互联。

智慧管理涉及的领域更广，但也是通过域控制器的功能集成来实现的。例如华为推出的VDC（车辆动态控制系统）整车控制平台，即智能电动平台，就负责车辆智慧管理功能的实现。它包括电驱、MCU（电动控制器）、整车控制VOS（智能车控操作系统）等多个方面，将网络通信与算力的技术优势引入智能电动汽车，打造了一系列高级车载充电产品，为整车厂提供个性化的智慧管理控制方案。

### 7.1.3 互联网科技发展，车联网是大势所趋

早在十几年前，就有相关人士指出：汽车作为日常生活中最主要的交通工具之一，汽车互联的前景十分乐观。在十几年后的今天，随着互联网科技的高速发展，车联网正在朝着规模化、标准化的方向发展。

在当今的5G时代，由于5G高速率、大带宽、低时延的特性，车联网的整体落地也走上了快车道。5G支持控制面与用户面彻底分离，因此能够迅速提升反应速度，而且在确保数据安全的情况下，能够利用云平台设施对不同的场景需求做出弹性化的反应。因此，5G的出现使软件定义网络与网络功能虚拟化成为现实，这也为车联网的落地打下了基础。

软件定义网络能够实现控制面和转发面的解耦，减少信息传输成本，提升决策能力，增强数据安全性，缩短网络时延，实现实时数据传输。而在4G时代，由于各个厂家都有各自的控制与转发协议，所以无法实现完全的信息数据互通，各厂家需要利用专门的处理器来集中处理信息数据，这导致网络时延非常高，车联网的效率十分低。

网络功能虚拟化使网络硬件与软件解耦。硬件全部为通用的标准化形式，可以按照不同的功能模块自由地进行组合，构成动态的网络功能虚拟化架构。而在 4G 时代，由于硬件与软件的功能捆绑，导致不同功能模块中的硬件并不能通用。因此随着系统的升级，常有冗余的车联网相关模块出现，十分影响智能车联网的构建。

车联网的落地是大势所趋。很多企业都看到了车联网发展前景的光明，纷纷布局车联网领域。例如中国移动从 2017 年开始就联合华为、中兴、星云互联等产业伙伴，开展 C-V2X 车联网测试技术体系的研究；到了 2020 年，已经开发出了包括终端、无线、平台等端到端的测试方案。由此可见，车联网与互联网的关系密不可分，互联网的发展带动了物联网的发展，而作为物联网的重要组成部分，车联网有着光明、广阔的前景。

## 7.2 巨大应用潜力：元宇宙赋能车联网

即使是在元宇宙中，交通也是重要的一环，因为衣、食、住、行是人类生存的永恒话题。而作为互联网发展的终极形态，元宇宙赋能车联网是水到渠成的事情。特别是在自动驾驶领域中，元宇宙不仅能够解决自动驾驶的安全痛点，还能够为其提供更多功能的集成。

### 7.2.1 元宇宙 + 车联网：解决自动驾驶安全问题

随着自动驾驶相关技术的发展，自动驾驶的等级也在不断提高，最终将实现理想中的完全自动驾驶。自动驾驶虽然为人们的出行带来了很大的便利，但同时也因为算法缺陷、技术局限、人员误触、驾驶场景复杂等问题而存在着一定的安全隐患。因为自动驾驶汽车与车联网本质上已经构成了一组信息物理系统，所以元宇宙对其进行赋能要从信息模型和物理模型两个方面进行。

1. 信息模型

由于车联网需要全方位地收集车内、车外的数据，包括车主及其他乘车人员的信息，因此一旦发生数据泄露，后果将不堪设想。而区块链技术能够充分地保障信息数据的安全，因为区块链具有去中心化的保密特性，所以车联网所收集的任何个人信息数据都是保密的。而那些共享的数据则是经过用户允许、可以公开使用的数据。

2. 物理模型

随着自动驾驶等级的提高，如何应对复杂的驾驶场景，以及如何处理自动驾驶系统失控成为阻碍自动驾驶技术发展的两个重要问题。而传统的汽车测试工具和方法已经不能够满足自动驾驶汽车安全测试的需求，为了保障自动驾驶系统的安全性，必须在其中添加新的测试内容和新的测试技术。

因此，利用数字孪生和 VR/AR 技术进行自动驾驶汽车安全测试的方法便应运而生，这种测试方法也被称为计算机仿真与虚拟测试技术。在安全测试中，首先，需要对车辆在外界环境中的自动驾驶能力进行评价；其次，要对车辆在整个交通安全体系中的协调性做出评价。这些评价都需要计算机仿真与虚拟测试技术提供虚拟场景与评价体系。

例如通过数字孪生技术和 VR/AR 技术将现实世界中的交通场景镜像到虚拟空间中，通过实时渲染技术生成可交互的 3D 立体场景，从而实现交通环境数字化、实时化。在这种环境中进行安全测试，既能够保证安全性，又能够降低测试成本，同时还可以完美还原任意交通状况。

此外，车路协同云平台还能够通过虚实结合，将虚拟世界中的反馈反作用于现实世界，实现二者的共生共存。这样不仅能够尽早发现潜藏的驾驶风险，还能够对交通运行状态做出智能干预，优化出行服务。因此，未来在进行自动驾驶汽车安全测试时，要结合测试的具体要求，生成个性化的虚拟仿真测试场景，并通过大规模仿真测试缩小未知的不安全范围。

### 7.2.2 AR-HUD+自动驾驶：汽车变身为信息、娱乐载体

HUD全称为Head Up Display，即平视显示器。HUD最早作为飞行辅助器应用在航空交通当中，它能够将各项信息参数投射到驾驶员的视野正前方，驾驶员无须多余动作就能够随时查看飞行状态。

传统HUD无法满足智能座舱等智能汽车的驾驶需求，而AR-HUD则可以利用AR技术，利用特殊光学系统设计将超远距离的虚拟图像投射在汽车挡风玻璃上，并且能够与实景结合呈现。这种交互方式更加安全、便利，驾驶员可以第一时间发现驾驶状态异常并及时做出处理。

有了AR技术的赋能，HUD的使用场景大大增加，同时借助ADAS（高级驾驶辅助系统）功能，还能够在投射图像中展示车辆信息和周边道路状况信息，例如跟车预警、压线预警、行人预警等。这为完全自动驾驶提供了重要的技术支撑，在解放了驾驶员双手的同时还保障了行车的安全。

此外，AR技术还能够实现人、车、路、云的完美结合，HUD投影能够以虚实结合的形式提供有关充电、加油、服务区等各种功能提醒，使车辆能够成为集信息、娱乐于一体的载体，车上人员能够拥有轻松、安全的乘车享受。

虽然AR-HUD的立体感更强、功能更全面、安全性能更高，一直被视为HUD的终极形态，同时也是自动驾驶汽车的必备技术，但是由于AR-HUD的成本较高，因此只有少部分品牌的高端产品添加了这一功能。例如奔驰S级和大众ID. 4就添加了这一功

能，在需要进行转向时 AR-HUD 会有相应的虚拟图标提示。相信随着自动驾驶技术的日趋成熟，AR-HUD 的应用范围也会越来越广泛。

## 7.3 探索新发展：车企进军元宇宙

元宇宙能够赋能千行百业，汽车行业也不例外。元宇宙为其他行业带来的巨大成功，让众多车企看到了未来发展的希望，因此它们纷纷进军元宇宙，探索汽车行业发展新方向。

### 7.3.1 众车企申请元宇宙商标，展示入局决心

大多互联网企业对元宇宙“情有独钟”，例如 Facebook 改名为 Meta 就展示了其入局元宇宙的决心。而在 2021 年众多行业的领头羊纷纷为元宇宙造势的形势下，汽车行业也不甘落后，众多车企都开始抢注元宇宙商标，试图抢先布局元宇宙市场。

2021 年 9 月，在德国慕尼黑的 IAA 国际车展上，宝马推出了虚拟世界 JOYTOPIA。在这个虚拟的元宇宙世界中，用户可以自由驾驶宝马汽车，体验宝马的新产品。为了吸引更多参展用户体验，宝马还邀请了 Coldplay 酷玩乐队举办虚拟演唱会，由此宝马成为车展期间最受欢迎的品牌之一。

而与此同时，现代汽车在元宇宙游戏平台 Roblox 上推出了“现代移动出行大冒险”游戏，希望能够进一步打造自身品牌的科技感与年轻感。在 2022 年，现代汽车还提出了“元出行”的设想，并发布了一条“乘坐汽车登上月球”的元宇宙短视频，希望能够借此引起公众对元宇宙汽车的关注。

2021 年 10 月，上汽集团申请了“车元宇宙”等多个汽车元宇宙商标；2021 年 11 月，吉利集团提交了“几何元宇宙”商标注册申请。之后，蔚来、比亚迪、长城等众多车企纷纷提交了元宇宙商标的注册申请。

在众多车企抢注元宇宙商标、加强自身品牌与元宇宙的联系背后，是元宇宙能够为汽车行业带来巨大效益。因此，入局元宇宙也是汽车行业为了与时俱进、抓住发展机会的主动选择。

### 7.3.2　百度：无人驾驶升级，打造元宇宙体验汽车

早在 2015 年举办的中国云计算大会上，百度相关负责人便表示百度会尽快推出百度无人驾驶汽车。实际上无人驾驶汽车并不是什么新鲜概念，它是自动驾驶汽车的一种，通常自动驾驶等级为 L3 ~ L4（即有条件自动驾驶和高度自动驾驶）的汽车可以被称为无人驾驶汽车。

百度的设想是无人驾驶汽车通过配备雷达、摄像头、GPS 导航以及同步传感器等设备，能够自动识别交通管制信息和行车状态。届时车主只需要在导航中输入目的地，汽车就能够自动行驶前往目的地。在行驶过程中，汽车会自动判断方向和行车状况，并通过分析参数来做出驾驶调整。

2017 年 4 月，百度推出“Apollo（阿波罗）计划”，宣布将要打造一个开放的自动驾驶平台，更好地集成掌握在各家企业手中的相关技术，例如硬件厂商手中的感知终端、各大车企手中的车辆控制系统，以及各地图服务商手中的高精度地图等。

基于以上技术的集成，“阿波罗计划”在2021年8月推出了一款全新升级的自动驾驶服务平台——“萝卜快跑”。“萝卜快跑”不仅拥有最新的实时定位导航及汽车控制系统，同时还拥有基于百度云、百度大脑研发的智能终端，将人、车、路、云充分地连接在一起。可以说，“萝卜快跑”就是百度无人驾驶汽车的元宇宙雏形。

而在2022年6月，百度与吉利汽车联手推出了一款全新的汽车机器人概念车ROBO-01，这款概念车将在元宇宙空间“希壤”中首发。该款概念车拥有超大一体式虚实结合显示屏、连接了百度大脑的智能座椅以及手感绝佳、造型独特的方向盘。此外，该款概念车还打出了“实时情感响应，3D超强沉浸感”的旗号，用户可以通过穿戴VR/AR一体化设备，体验元宇宙中的新概念无人驾驶汽车。

相信在不久的未来，随着技术的升级以及政策的大力扶持，百度的元宇宙体验无人驾驶汽车能够克服重重阻碍，圆满落地。无人驾驶技术有了元宇宙的加持，其普及速度可能要比公众想象的快得多。

### 7.3.3 技术升级，打造连接虚拟和现实的“原石谷”

在众多布局元宇宙汽车赛道的企业中，智己汽车让公众觉得有些陌生。实际上，智己汽车是由阿里巴巴、上汽集团和张江高科联合出资打造的高端智能电动汽车品牌。它致力于用前沿技术打破传统汽车制造业的限制，打造一个虚拟与现实共生的汽车品牌。

而想要实现品牌在技术上的不断突破，就需要大量用户数据的支持。但是在去中心化的元宇宙中，随意抓取用户数据并不可取，因为区块链技术为用户数据提供了超强的加密性。因此，为了能够交换用户手中的驾驶数据，智己汽车开放了 4.9% 的股权收益用于用户共创激励，并通过区块链技术对用户的数据进行价值确权，用“原石谷”中的交易货币原石为用户发放奖励。

2021 年 8 月 27 日，智己汽车“原石谷”在“IM 智己”App 中正式上线。在“原石谷”这个虚拟世界中，用户不仅可以开采原石，还能够升级装备、在社区中交流经验。“原石谷”作为基于混合现实和区块链等技术构成的元宇宙，其主要作用是为用户提供一个用驾驶数据换取原石（原石可换取相应的股权收益）的平台。

在“原石谷”中，智己汽车的用户通过签署同意数据权益协议换取原石开采权。用户在现实世界中的行驶里程数会被计入开采池中，即里程数越多，行驶数据越多，用户的数据价值越大，可采集的原石也就越多。此外，用户还可以通过签到、发帖、参与线上 / 线下活动来获取原石。原石还可以用来兑换积分，积分可以在线下的智己门店使用。

通过“原石谷”，用户能够随时切换自己的身份，真实的驾驶数据、虚拟车的养成数据都会转化为可见的价值。在用户获得利益的同时，智己汽车能够通过分析用户数据实现快速迭代，最终用户和智己汽车能够实现双赢。

## 7.4 可行实践路径：以细分领域打造核心竞争力

不管在任何时代，打造企业核心竞争力的最主要的方法之一就是通过细分领域开创可行实践路径。因为领域越细分，竞争的目标就越明确，有了明确的目标，企业才能尽快地规划出落地路径。

### 7.4.1 依托新技术，提供车路协同新方案

车路协同是指利用无线通信和前沿互联网技术对车与车、车与路之间进行高精度感知定位，并且按照协议规定进行数据交互，从而完成全场景下的动态时空数据采集，保障交通安全，提高通行效率。

车路协同实际上贯穿了汽车自动驾驶的所有等级，从部分自动驾驶到完全自动驾驶，车路协同方案一直是自动驾驶的重要技术支撑。车路协同主要采用 V2X、高精度定位、路侧全域感知以及分级云控等技术。

V2X 是车路协同的基础，车辆的实时状态、道路信息、交通参与者信息等都要通过这一车路间泛在通信系统传输到路侧的技术通信设施，经过处理后再上传到云控中心。而交通管理部门的指令也需要沿此路径下传。

我们可以将高精度定位技术理解为一种误差极小的全时空定

位技术，通常需要多种定位技术同时协作，根据车辆位置为其提供个性化的信息服务。

路侧全域感知技术通常与 V2X 技术结合使用，采用路旁的激光雷达、线圈等感知设备，收集过往车辆的信息并反馈给云控中心。

分级云控主要分为边缘云控和中心云控两种。边缘云控主要用来处理局部信息，能够快速将指令下达给周围车辆；中心云控主要用于全局的数据分析和交通管控。边缘云控采用边缘计算技术，将计算、分析过程迁移至网络边缘，同时减小数据传输压力，将敏感信息控制在局部区域内。而中心云控则具备强大的计算和存储能力，能够深入挖掘每一辆车的个性化信息需求，能够快速为车辆提供具体场景下的增值服务。

### 7.4.2　打造平台软件，开创自动驾驶新生态

自动驾驶作为当前热度很大的出行领域设想，已经有不少车企实现了部分自动驾驶和有条件自动驾驶的圆满落地。而自动驾驶若想再进一步发展，开创自动驾驶新生态，就需要通过一个统一的平台集众家之所长。

例如中关村人工智能创新服务平台推出了一个汽车自动驾驶教学科研平台——Noosphere。

Noosphere 采用小巧的底盘机械结构，搭载高级工业电脑以及车用传感器，并使用 CAN 总线通信协议，基于百度“阿波罗计划”，实现汽车自动驾驶功能。该平台功能全面，涵盖定位、导

航、规划、控制等多领域功能，充分满足了在汽车自动驾驶领域的研发需求。此外，该平台还会提供相关参考资料，为车企研发人员提供最实用的自动驾驶研发平台。

目前，Noosphere 已经联合了众多高校，以校企合作的模式培养自动驾驶领域的人才，并进一步优化该平台，助力自动驾驶新发展。

### 7.4.3 推出高保真地图，实现沉浸式导航

谷歌地图面向全球用户提供地图服务。与其他地图服务商不同，谷歌有自己专门的地图服务器，并不断升级遥感影像技术，持续更新地图，所以谷歌地图的适用范围更广，准确性、实时性都比较高。

在谷歌地图发展早期，它主要通过遥控无人机、360° 全景街拍车来收集一座城市大街小巷的图像数据。例如谷歌地图中的比萨斜塔 3D 立体影像属于倾斜摄影数据，仅凭遥感技术无法获取，需要由无人机进行航拍，再进行后续制作。一座城市中的每一座建筑都需要经过反复拍摄，最后再结合遥感数据进一步加工，才最终呈现为谷歌地图中的立体影像。

如今，随着技术的不断进步，谷歌地图也开始追求沉浸式视图体验，为此谷歌推出了高保真地图服务。高保真地图结合了以往以及现在的几十亿张航拍图与街景图，通过 3D 绘图打造逼真的地图街景。而且为了追求更逼真的光影效果以及与现实相符的时间状态，谷歌还利用 AI 机器学习这一功能，保证地图的实时性。

例如用户想要前往巴黎埃菲尔铁塔游玩，就可以打开谷歌高保真地图，随时了解巴黎埃菲尔铁塔及其周边的交通状况、人流量，甚至可以提前获知当地的天气预报。而当用户想要提前在餐厅中订座位时，也可以使用高保真地图服务“走进”一家餐厅，观察餐厅的装潢、菜色等，以此来确定自己是否要选择订餐。

高保真地图不仅能够集衣、食、住、行等多种功能于一体，为用户提供全面的地图服务，而且其强大的虚实结合功能还为用户带来了沉浸式的地图导航体验，有不少用户每天都在通过这一地图服务进行线上云旅游。相信在未来，这种沉浸式地图服务将会成为一种新的潮流。

# 第 8 章　便捷化办公：传统线上办公转向元宇宙办公

去中心化成为互联网 3.0 的首要特性，个人信息无须再集中到大型互联网企业平台或服务器中，每一位用户都拥有自己数据的自主权，对于用户来说，数据即资产。而这也推动了虚拟现实时代，即元宇宙时代的来临。在元宇宙时代，办公方式有了很大变化。与传统线上办公不同，元宇宙办公能很好地保护员工的数据信息。同时，元宇宙办公还会为员工的工作带来更多便利，丰富员工的虚拟工作体验。

## 8.1　元宇宙办公提供更多功能

元宇宙为办公领域赋能主要体现在两个方面，其一是办公场景的多样性，其二是办公活动的个性化。这二者能够使元宇宙办公摆脱枯燥无趣的线上办公模式，不仅能够为员工带来全新的工作体验，还能够显著提高工作效率。

### 8.1.1 线上办公向元宇宙迁移，提高工作效率

线上办公这一办公形式在互联网行业应用得最多，很多互联网企业的员工在不方便进行现场办公的时候都会采用线上办公的形式。例如在2020年新冠肺炎疫情暴发后，有一部分华为的海外员工无法前往工作地工作，华为便派专人为他们邮寄工作电脑，使其可以居家办公。而一些远程会议软件在这种形势下也迎来了春天。

例如钉钉官方数据显示，截至2020年3月31日，钉钉用户数量突破3亿；而截至2021年10月，钉钉用户数量突破5亿，在短时间内实现了用户数量的激增。

虽然远程会议软件在现实需要的推动下获得了发展，但远程会议缺少现实会议的临场感和沉浸感，会议效果与现实会议仍有差距。在此背景下，虚拟现实的办公需求随之产生，以便使虚拟会议更加贴近现实。在广大用户更高工作效率、更好工作体验的办公诉求下，线上办公软件也在不断升级。

元宇宙概念的流行让人们看到了线上办公的另一种可能。借助VR设备，人们可以得到一个虚拟形象，进入一个虚拟空间自由地进行交互，在拟真的环境中得到真实的办公体验。基于这一愿景，一些企业进行了元宇宙办公方面的尝试，为人们提供一种虚拟现实的沉浸式办公体验。

2021年12月，百度发布了元宇宙产品“希壤”，该产品打造了一个融合虚拟和现实、实现多人互动的空间。希壤在视觉、听觉、交互等方面都实现了技术上的突破。用户登录希壤后，可以

创建一个专属的虚拟形象，并且可以以该形象自由地和别的用户交流、参观展会等。同时，借助 VR 设备，用户能够获得沉浸式的视、听体验，还可以和不同用户开麦交流。

在希壤上线后，百度将 Create 2021 大会复制到了希壤的虚拟世界中。用户可以根据虚拟世界中的指示标志找到大会的会场，并进入虚拟会场，此会场可容纳 10 万人。

对于此次虚拟会议，百度相关负责人表示用户能够在其中获得沉浸式的参会体验。百度在虚拟办公方面的尝试体现了办公模式的变化。未来，在元宇宙的不断发展中，将有更多跨越虚拟和现实的办公场景出现，虚拟化也将成为未来办公的发展趋势。

### 8.1.2　商业活动场景丰富，效果升级

对于企业来说，传统的线上办公软件只能够满足最基本的办公需求，例如写工作日志、召开视频会议等，而一些线下活动则无法在线上开展。而在元宇宙中办公则不同，元宇宙不仅能够满足企业基本的办公需求，还能够将企业的线下活动都转移到元宇宙中，例如在元宇宙中也可以举办快闪活动、团建活动等。

国外的一家税务管理公司 Avalara 曾创建了一座由零售、制造、通信等 18 个不同社区组成的虚拟城市，并在其中进行了一系列的企业生产活动。每个社区都有独特的外观、颜色和活动，进入这个虚拟城市的人可以观看不同主题的演讲、了解不同专家的观点、和其他人实时聊天、下载演讲文档等。同时，人们可以通过主菜单快速导航到不同的社区，参加不同的活动。

整场活动包括25场主题演讲和100多个不同的小活动，能够为人们提供丰富的内容体验。虚拟城市中还举办了一场虚拟演唱会，增添了不少趣味性。最终，这场虚拟活动为主办方吸引了来自世界各地的数千名客户和合作伙伴，展现出了极高的商业价值。

受新冠肺炎疫情影响期间，许多大型线下活动纷纷取消，为了弥补遗憾，线上虚拟活动成了很多企业的首选。2020年北美国际车展被取消后，主办方推出了一个3D虚拟车展，成功将车展从线下复刻到了虚拟世界中。

此次虚拟车展展示了36辆汽车，并仔细标注了汽车的年份、型号、特征等。在虚拟车展中，人们可以以虚拟化身多角度浏览汽车的外观、内饰等细节，也可以“坐”在汽车中启动汽车，听发动机的声音，甚至可以打开收音机收听歌曲。

以上这些实践都展示了商业活动的更多可能性。严肃、枯燥的演讲怎样才能发人深省？特殊情况下，被取消的线下活动如何举办？线上虚拟化的活动能够为企业商业活动的开展提供可行的解决方案。同时，随着元宇宙的发展，虚拟世界不仅能够实现线下场景的复刻，还能够创造出现实世界不可能实现的、光怪陆离的场景。这能够带给人们更丰富的活动体验，同时提升活动的效果。

## 8.2　丰富应用：多企业探索元宇宙办公

元宇宙的各条赛道上都充满着激烈的竞争，元宇宙办公赛道也不例外。为了能够抢先在元宇宙办公市场中获得竞争优势，众多企业纷纷进军元宇宙办公领域，通过搭建拟真办公场景、虚拟入口等方法布局元宇宙。

### 8.2.1　线下办公场景迁移，搭建拟真的元宇宙办公场景

一个完整的元宇宙办公场景必然包括办公活动和办公场地，如果只能够实现单一的功能，例如只能够召开虚拟会议，那么这就不是一个完整的元宇宙办公场景。得益于虚拟现实技术的成熟，目前很多企业都已经成功将完整的办公场景迁移到元宇宙中，甚至还有人在元宇宙中开设了虚拟公司。

这听起来似乎不太现实，但当前已经有一些企业进行了这方面的尝试。云楼 SOHO 作为一栋集合多种先进技术的云写字楼，能够让规模化的虚拟办公成为现实。凭借自主研发的 3D/VR 引擎，云楼 SOHO 建造出了虚拟和现实高度融合的云写字楼。

一方面，云楼 SOHO 能够实现线下真实公司的全场景复刻，实现更真实的云上办公。云楼 SOHO 中有不同的功能分区，如开放办公区、会议室、茶歇间、前台等待区等。同时，虚拟的办公场景也复刻了现实公司场景中的种种细节，如公司大厅摆放的绿

植、墙上的多媒体屏幕、落地窗外的风景等。这些都能够带给人们一种真实的办公体验。

另一方面，在不同的场景中，人们除了能够和同事进行语音、视频电话，还可以直接和同事进行“面对面”的沟通。在传统办公模式中，员工居家办公往往会存在拖延、效率低下的问题，而在云楼 SOHO 中，管理者可以随时询问员工的工作进度，并点击查看其工作文件，提高管理效率。

云楼 SOHO 最大的特点是低成本、高效率，它相较于传统办公模式有更多的优势。对企业而言，云楼 SOHO 可以帮助企业节省场地成本、管理成本，同时能够实现企业跨区域人才招募，提高企业的竞争力；对员工而言，虚拟办公环境能够帮助员工节省大量通勤时间，使员工更好地平衡生活与工作，减轻员工的工作压力，也有利于员工更高效地投入工作。

这种新型的办公模式不仅打破了地域限制，有利于企业降本增效，还体现了办公模式的变革。传统办公模式是通过真实的办公场地把人与人、人与物联系在一起，实现协同；而云楼 SOHO 是通过虚拟空间连接人与人、人与物，实现更高效的协同，这使得办公更智能、更灵活。

### 8.2.2 虚拟会议支持，搭建虚拟会议场景

在线上办公活动中，最主要的一项活动就是虚拟会议。无论是部门内部的小组会议，还是公司的全体员工大会，会议是最能够直接传达意见的形式。可以说，企业的有效运转离不开会议。相较于传统的线上会议，元宇宙中的虚拟会议则要有趣得多，与

会者不仅能够以虚拟形象参加会议，还可以选择会议场地，并且在其他人讲话的时候还能够同步启用共享白板，更容易理解其内容。

加拿大活动管理、制作公司 BIG HQ 曾为科技公司 1Password 设计了一个虚拟会议。在会议期间，参会者不仅可以获得拟真的会议体验，还能够以个性化的虚拟化身乘邮轮前往夏威夷、阿拉斯加和洛杉矶。

为了让虚拟邮轮给参会者带来更多元的数字体验，BIG HQ 根据 1Password 的需求制定了个性化的会议内容，包括交互式团队建设活动、照相亭集成、教育分组会议等。同时，参会者可以进入虚拟分组讨论室，和同事们进行产品、财务、营销等方面的讨论。精心的产品塑造、邮轮场景塑造、拟真的虚拟形象等，都为虚拟空间增添了现实元素。

以上大型虚拟会议活动需要个性化的虚拟方案的支持，而这正体现了元宇宙办公应用的一种发展趋势：未来，将会有更多的企业关注企业级的大型会议活动，根据企业需求提供个性化的虚拟会议解决方案。

事实上，当前定制化的企业级办公服务已经初露端倪。Meta 在介绍其元宇宙办公应用 Horizon Workrooms 时，曾表示其中的虚拟会议室将在未来实现定制化，企业可以在虚拟会议室中加入企业的商标、海报等。同时，Meta 与拥有超过 50 万企业级客户的 Zoom 达成了合作，Zoom 用户可以接入 Horizon Workrooms 的虚拟会议室，在虚拟场景中召开会议。此外，Zoom 推出的演示桌面 Whiteboard 也可以接入虚拟会议，以便参会者在屏幕上进行文稿演示。

未来，随着虚拟现实技术的发展，可定制化的企业级办公服务方案将会越来越多，会议场景、兼容人数等都可以根据企业需求实现定制化。除了商业气息浓厚的虚拟办公场景外，企业办公活动甚至可以迁移到游戏中，提升办公的轻松度和用户的体验感。

此外，沉浸式的元宇宙会议方案能够为方案服务商提供巨大的商业想象空间。可定制化的元宇宙会议方案能够实现不同风格、不同场景的线上活动定制。除了大型商务会议外，还可以应用于教育、文旅等多种场景，在多领域落地。

### 8.2.3 搭建虚拟入口，支持员工元宇宙办公

杭州花动科技有限科技公司（以下简称花动科技）自 2021 年 12 月便开始在元宇宙办公方面进行一系列实践，并在 2022 年 2 月推出了自己研发的“AKR 元宇宙办公平台”。花动科技在 2022 年年中时将公司迁移到了 ARK 元宇宙平台中，员工可以在其中进行沉浸式虚拟办公。

CGV 国际影城觉察到了其中蕴藏的商业机会，于是与花动科技签署协议，将入驻 ARK 元宇宙平台，为在平台上办公的员工提供沉浸式的观影体验。

ARK 是花动科技最新推出的一款元宇宙办公平台，既能够满足员工的沉浸式办公需求，又能够给员工提供个性化的办公方式。

ARK 元宇宙办公平台主要具有 4 个优势，如图 8-1 所示。

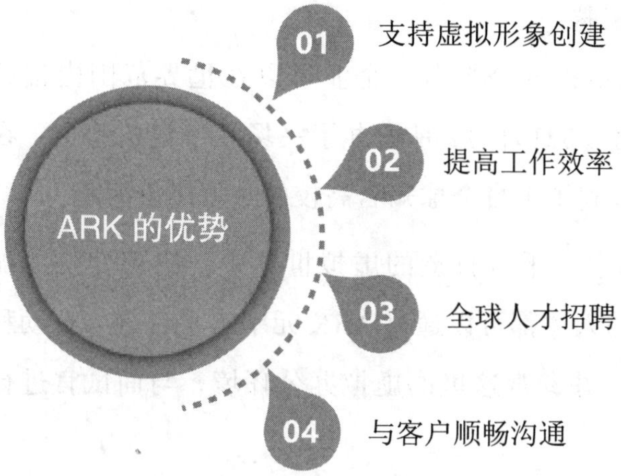


图 8-1　ARK 元宇宙办公平台的优势

1. 支持虚拟形象创建

当前，花动科技的员工已经入驻 ARK 元宇宙平台，在虚拟空间工作。员工可以在平台创建自己的虚拟形象，并在虚拟空间中与同事互动。平台具有音视频及文字对话功能，使得同事之间的沟通如同线下日常互动一样自然。此外，3D 虚拟形象还具有动作、表情、声音模拟等功能，使同事之间的沟通更具趣味性。

2. 提高工作效率

工作场地由线下转移到 ARK 元宇宙办公平台之后，员工可以实现登录即上班，减少线下通勤所耗费的时间。员工只要将自己的虚拟形象靠近同事，就可以自动加入工作小组，实现“面对面”交流。此外，在会议过程中，员工也可以通过虚拟黑板表达自己的想法，共享自己电脑中的 PPT、表格等文件，在会议结束后还可以将会议文件导出。这些都可以从多方面提高员工的工作效率。

3. 全球人才招聘

借助 ARK 元宇宙办公平台，企业可以在世界范围内招聘人才。花动科技曾于 2021 年 12 月举办了一场元宇宙招聘会，在一周左右的时间里收到了来自全球知名高校的一百多份简历。

而在 ARK 元宇宙平台打造的虚拟世界中，招聘变得更加简单。全球范围内的人才都可以通过 ARK 元宇宙平台进入花动科技的虚拟总部大楼，并参观这里的虚拟办公环境，与面试官进行自由沟通。

4. 与客户顺畅沟通

在业务拓展方面，ARK 元宇宙平台可以提供一个良好的办公场景用于接待重要客户。员工与客户可以相聚于沉浸式虚拟会议室，以虚拟形象进行实时沟通交流，同时可以通过悬浮共享屏幕自然地展示文件并沟通。此外，存在于虚拟世界的会见方式也避免了天气、地域等现实因素对于企业活动的影响，大大提高商务接洽的效率。

## 8.3　可行实践路径：聚焦不同群体的不同需求

在传统的线上办公领域，往往是企业先提供产品与服务，再让客户来判断能否满足自己的需求，从而客户做出选择。但元宇宙办公产品则不同，它聚焦不同群体的个性化需求，分别为其提供定制化的产品和功能。

### 8.3.1　聚焦企业客户：提供定制化元宇宙会议场景

为了吸引企业客户，2020 年 3 月，HTC 在元宇宙社交平台 Engage 上召开了 VIVE 虚拟生态大会。参会人员全部以虚拟形象出席，来自 50 多个国家的 1000 多名观众也参加了此次会议。通过 VR 设备，他们可以和专业人员近距离接触，享受到沉浸式的学术会议体验。

这次尝试之后，2020 年 4 月，HTC 针对大型会议活动推出了 VIVE Events 项目。它颠覆了传统的大型会议模式，依托 VR 技术打造在线虚拟现实活动解决方案。作为一种全新的会议形式，VIVE Events 能够让参会者以虚拟形象“面对面”交流，能够实现灵活的实时交互，使会议不受空间限制。VIVE Events 支持多种设备接入，能够打破线下活动的诸多限制，节省活动成本。此外，VIVE Events 还能根据企业需求进行场景、主题和兼容人数等方面的定制，提供个性化的虚拟会议解决方案。

人具有社会性，需要与他人互动、从中汲取能量并提高生产力。而 HTC 所推出的 VIVE Events 虚拟会议解决方案能够利用 VR 技术的优势，将人们聚集于虚拟空间中，使人们更自由地投入会议及其他工作活动中。

### 8.3.2 聚焦个人客户：满足个人客户的日常办公需求

办公行业市场中个人用户的数量庞大，如果企业能够满足个人用户的日常办公需求，就能够在元宇宙办公赛道上获得相当大的竞争优势。个人在元宇宙中办公离不开便捷的元宇宙办公场景入口和与同事协同工作的功能，为此云桌面产品应运而生。

作为一种可靠的远程办公工具，云桌面支持用户随时随地登录、在各种终端设备之间灵活切换工作桌面。同时，云桌面在文档编辑、资料查询等方面，都能够实现协同。此外，相较于传统 PC 端办公存在数据保密性差、运维复杂等弊端，云桌面在数据安全性、维护等方面均具有显著优势。云桌面就像一张虚拟办公桌，将成为元宇宙办公场景的重要媒介。

高质量、低延时的立体画面和音视频，能够更真实地还原现实工作场景，提高线上办公效率。云桌面作为办公场景的重要媒介，能够以更高的协同交互能力，给用户带来不输线下的办公体验。

当前，已经有一些企业推出了完善的云桌面解决方案。借助云桌面，用户可以摆脱电脑性能的限制，在云桌面中更流畅地进行 3D 建模、渲染计算等，能够实时和其他人交互。同时，所有工作数据存储在云端，项目从开始到交付都在一个封闭、安全的环境中进行，保证了工作的安全、高效。

除了云桌面外，Meta 推出的 VR 办公软件 Horizon Workrooms、英伟达推出的虚拟协作平台 Omniverse 等也向个人用户开放。用户借助这些平台可以将工作转移到虚拟空间中，获得更具沉浸式的元宇宙办公体验。

未来，元宇宙办公将成为常态。用户在家中就可以借助虚拟形象进入不同的虚拟空间，进行 3D 设计、参加虚拟会议、和来自世界各地的客户进行谈判沟通等。这不仅提高了工作效率，还能够带给用户更好的工作体验。

### 8.3.3　聚焦应急管理，打造元宇宙公共服务平台

在虚拟与现实结合的元宇宙世界中，应急管理也将迎来新的发展。应急管理元宇宙公共服务平台不仅能够实现应急资源调度的可视化，实现政府、园区、企业协同管理，还能够实现应急管理人员的线上沉浸式办公。

应急管理元宇宙公共服务平台可以复刻工作场景，优化线上办公体验，创造更加个性化、具有虚拟协作功能的新一代虚拟办公空间，工作人员工作仪式感、参与度需求也得到满足。

应急管理元宇宙公共服务平台基于 VR、AR、云平台、云仿真、区块链技术等，集成“云平台 + 物联网平台 + 三维可视化平台 + 多媒体融合平台 + 视频解析平台 + 大数据平台 + 业务应用支撑平台”，形成元宇宙公共服务平台，强化了平台的开放性和兼容性，支撑多方参与、共创共生的生态体系。政府机关、企业、院校等都存在应用应急管理元宇宙公共服务平台的需求。

聚焦应急管理方面的应用需求，南京戎致星网信息科技有限公司（以下简称戎致星网）致力于模拟训练云仿真平台、应急管理信息化智能化建设，以及应急管理数字经济及实战化训练环境仿真等理论研究、总体设计和工程建设。戎致星网运用VR/AR、物联网、云计算、大数据、人工智能等关键技术，进行应急管理模拟训练系统、智能装备、系统综合集成、行业应用系统等应用集成创新，提供应急管理模拟训练产品。

面对元宇宙的爆发，戎致星网密切关注元宇宙概念及其发展，发挥自身行业优势，聚焦应急管理领域，积极创新“政行产学研用”一体模式，为构建政府主导、市场化运作、各类市场主体参与的新型市场生态体系贡献自己的力量。

# 第 9 章　智慧化教育：解锁教学新场景与新模式

元宇宙赋能千行百业，在教育领域也实现了很好的融合。现在的学生成长在互联网时代中，他们的思维更加活跃，也更有创造力，同时接受新鲜事物的能力也更强。传统的教学模式与教学场景在互联网时代已经显露出诸多弊端，为了解决师生日益增长的个性化教学需求与既有的教学模式之间的矛盾，教育转型迫在眉睫。而元宇宙对教育领域的赋能恰好能够解决这一问题，元宇宙教育将解锁教学新场景与新模式，实现真正的智慧化教育。

## 9.1　AR/ VR 教育 vs 元宇宙教育

很多人会将 AR/VR 教育与元宇宙教育混为一谈，实际上这二者并不等同。AR/VR 教育是元宇宙教育的落地雏形，是现阶段最好实现、最好普及的一种元宇宙教育模式。二者之间还存在着一定的差距。

### 9.1.1 VR 教育沉淀，为元宇宙教育奠基

AR/VR 技术是元宇宙的底层技术支撑，同时也是元宇宙赋能各行业的具体应用工具。

目前，AR/VR 等技术已经在实际教学中得以应用。例如 Roblox 创立了一个用于打造 3D 多人互动式教学空间的项目，进军在线学习领域；首尔市教育厅面向中小学开设了 AR/VR 等技术构建的虚拟科学课程，让学生亲身探索虚拟世界；中国传媒大学、浙江大学等高校在游戏《我的世界》中复刻学校场景，让学生在游戏里参加线上毕业典礼，弥补了无法参加线下毕业典礼而给他们带来的遗憾。

以 AR/VR 等技术为基础的教学模式就像一种大型游戏，让学生既能体会到现实世界接触不到的教具的真实感，也能体会到寓教于乐的学习趣味。以最先引入 AR 技术的儿童早教领域为例，虚拟空间与教育相结合，能够激发儿童的创造力和想象力，让孩子更具探索精神。再如，AR/VR 等技术还能满足场景化教育的需求，通过虚拟场景直观展现驾驶操作，让汽车驾驶学习更安全。

AR/VR 教育为元宇宙教育发展打下了良好的基础，随着元宇宙与教育的进一步融合，未来教育行业将出现更多充满创意的教学环境。

### 9.1.2 新技术下场景升级，元宇宙教育更新教育体验

AR/VR 教育模式早在元宇宙教育出现之前便在一些学校中得以应用，但主要都是承担一些辅助作用，例如在化学课上利用 VR

设备展示原子内部结构等。虽然使用了 VR 设备，但其本质依旧是在传统的课堂中进行传统的授课。

而在元宇宙中，传统的授课形式将演化为多种数字格式的授课形式，例如录课、直播等，实现了课程的“量产”。学生们可以使用现实货币购买来自世界各地的课程，不再受限于单一的实体院校，而是从资源无限的元宇宙教学平台获取知识。

从寓教于乐到改变单一的授课形式，元宇宙将给传统教育带来巨大冲击。在教育场景方面，元宇宙教育消除了时空的局限性，让教学内容更加丰富、充满想象；在教育者与学习者方面，教育者可与开发者一起研发新的教学模式，让学习者获取更丰富的学习资源；在教育资源方面，元宇宙教育有效解决了教育资源分配不均的问题，让教育资源不再有地域、国界之分，促进了教育平等。

元宇宙作为受到极大关注的新概念，如今元宇宙教育也受到了我国许多企业的重视。例如，北京萌科推出了元宇宙互动实验室、跨平台元宇宙互动平台等产品，并与人民教育数字出版公司联合出品了针对最新考纲的中小学实验教材。无独有偶，编程猫也推出了 BOX 平台，在这个平台上，用户可以构建并发布脚本游戏等作品，来进行编程学习。

元宇宙教育改变了传统教育模式，让学习摆脱了枯燥的“题海战术”，更具实践性与趣味性，从而更好地激发学生的创作力，培养出实用型人才。

## 9.2 元宇宙创新教学模式

元宇宙通过升级 AR/VR 教育开创了全新的教学模式，不仅可以提供虚拟化的数字教学场景，还能够将现实人物虚拟化，虚实结合，在元宇宙教学场景中实现沉浸式可互动教学。

### 9.2.1 现实人物虚拟化：虚拟化身成为教学实现新途径

线上教学并不是新鲜事物，但传统的线上教学都是以远程视频形式进行的，师生缺乏教学的沉浸感。而元宇宙教育则将现实中的师生虚拟化，师生能够以不同的虚拟形象进行交互，好像真的在课堂中学习一样。

例如国外某学校中有一位虚拟老师 Will，他能够给学生传授可再生能源学科的知识。在学习的过程中，学生可以和 Will 自然地互动，学习有关风力涡旋机、太阳能等可再生能源的知识，Will 也会对学生的问题或肢体语言做出回应。很多学生表示，Will 给他们的感觉是"像一个真正的人类"。借助"人工神经系统"，Will 可以识别学生的情绪并做出反应，还可以识别学生对所学内容的理解程度，做出更合理的教学规划。在教学方面，Will 无疑是一名出色的老师。

教育领域存在的一种普遍共识是：相比大班授课模式，由经验丰富的老师进行一对一个性化教学能够产生更好的教学效果。

但由于教育资源匮乏，一对一授课模式难以实现大面积推广。而虚拟老师的出现则可以解决这个问题，可复制的虚拟老师可以一对一教授成千上万名学生，并且能够根据学生的学习情况进行个性化教学。

一方面，搭载 AI 系统的虚拟老师可以根据学生各科知识的掌握情况，智能设计科学、合理的教学方案；另一方面，在教学过程中，虚拟老师能够根据学生对教学内容的掌握情况随时调整教学进度，帮助学生更好地理解所学知识。例如，当虚拟老师通过情绪识别技术感知学生对当前知识点存在困惑时，就可以放慢讲课速度，或者将知识点再讲一遍，便于学生理解。此外，虚拟老师还能够定期检测学生对于知识的掌握情况，并据此完善教学方案。

综合来看，虚拟老师具有传统老师不可比拟的教学优势，能够实现更大范围的智能化、个性化教学。未来，虚拟老师将会代替真人老师完成更多的教学工作，而这也将加速教育领域迈向元宇宙。

### 9.2.2　现实场景虚拟化：教学场景走进虚拟世界

元宇宙能够重构当下的教学场景，利用相关技术实现虚实结合，提供沉浸式的可互动教学场景，如图 9-1 所示。

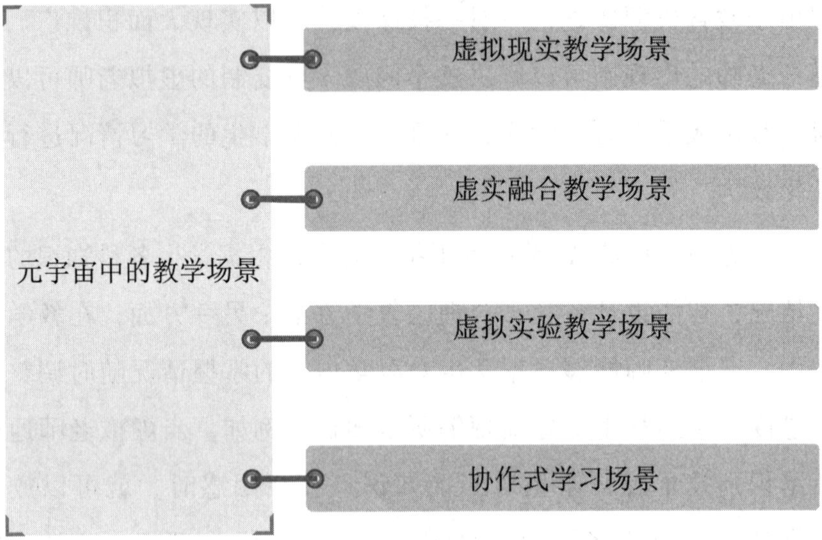


图 9-1 元宇宙中的教学场景

1. 虚拟现实教学场景

虚拟现实教学指的是借助 VR 设备，身处不同城市甚至不同国家的学生和老师可以相聚于同一个虚拟教学场景中。在其中，师生可以通过虚拟形象互动，并在拟真的虚拟场景中实现更好的教学。

在虚拟教学空间里，老师可以一对一或一对多地开展教学，也可以根据教学需要，组织学生自由探索学习。学生不仅可以以虚拟化身和老师、同学互动，也可以和虚拟世界中的智能 NPC（non-player character，非玩家角色）互动，获得更真实的学习体验。

2. 虚实融合教学场景

虚实融合指的是虚拟场景和现实场景的融合。在讲课过程中，老师经常会讲到不同物质的分子结构、不同建筑的内部构成等。

对于这些知识，如果老师只用语言进行描述，难免会显得晦涩难懂。而借助全息投影技术立体化地展示出物质的分子结构或建筑的内部构成后，老师就可以进行更细致、通俗易懂的讲解。

3. 虚拟实验教学场景

在物理、化学等教学过程中，经常会涉及各种实验。很多实验都存在安全风险，一旦操作不规范，就可能会引发爆炸、失火等事故，威胁学生安全。同时，学生进行多次重复实验也会造成实验资料的浪费。而在虚拟实验教学场景中，学生可以进行多次实验，不会造成实验资源的浪费，也不存在安全风险。

4. 协作式学习场景

在现实中，协作式学习会受到人员、空间等因素限制。例如，医学专业的学生和其他学生或护士合作完成手术，能够提高彼此之间的默契程度和专业能力，但在现实中，医学生不能用病人做实验，也很难创造合适的手术室环境进行模拟。而元宇宙创造的虚拟仿真环境可以让学生在拟真的手术环境中重复练习，提升自己的能力。

元宇宙所构建的形象可视化、可交互的虚拟场景弥补了现实教学的不足，为教学带来了更多可能。未来，在元宇宙教学场景中，教育将更具沉浸感和社交性，教学也将更加生动、有趣。

### 9.2.3　教育＋游戏：学习更富趣味性

元宇宙本身的游戏属性比较强，当元宇宙赋能教育，教育与游戏相结合，就会催生出更富有趣味和想象力的学习模式。

游戏与教育的结合已有先例，例如沙盒游戏平台 Roblox 在教育领域已经有所布局。

一方面，Roblox 和腾讯合作成立了合资公司罗布乐思，布局中国区的业务，而通过“游戏+教育”的模式，培养编程方面的人才和内容创造者是罗布乐思的重要业务。罗布乐思包含的教育内容有教学工具、创意线上实验室、线下实验室、专业认证等，同时组建了“Roblox 编程社团”“Roblox 教育游戏开发特训营”等多个线下教学分享社团。

另一方面，Roblox 推出了多样的元宇宙教育游戏，能够向用户传授机器人技术、探索太空等知识。这些游戏不仅能够满足用户的娱乐体验，还能够让用户在游戏中获得知识。

在未来的元宇宙教育场景中，任何一门课程的知识都可以通过拟真的虚拟场景展现。同时，为了激发学生学习的积极性，课程学习进度可以和游戏化的打怪升级流程相结合。每完成一个阶段的学习，学生都可以获得相应的奖励，甚至可以开启隐藏副本，获得更新奇的体验和更丰富的奖励。

## 9.3　可行实践路径：以升级教学体验为目的

元宇宙对所有行业的赋能最终都是为了使人们拥有更美好的人生体验，元宇宙对教育的赋能也不例外。元宇宙对教育的赋能就是通过改变教学模式进而升级教学体验，为此很多企业都在元宇宙教育赛道投入了大量成本研发新型教学设备。

### 9.3.1　研发教学设备，提供沉浸式教学体验

元宇宙是一个平行于现实世界的虚拟世界，它就像现实世界的孪生兄弟一般。现实世界中的一切场景和活动都能够在其中找到对应的复制品，如果打破二者的界限，将二者相结合应用到教育领域，就能够为师生带来前所未有的沉浸式教学体验。

2021 年末，联想推出了一款能够连接虚拟和现实、带给用户沉浸式体验的未来黑板 HoloBoard。借助沉浸式投影、实时动作捕捉、增强现实等先进技术，HoloBoard 可以实现教学场景中各种虚实结合的互动。

未来黑板 HoloBoard 借助镜像世界技术和全息技术，可以实现老师在虚拟空间的映射，同时结合沉浸式投影技术将其形象投射到 HoloBoard 未来黑板上。全息老师不仅外表酷似真人，还能够自然地进行“面对面”的互动授课。例如，在天文学教学场景中，全息老师可以操作八大行星的三维模型，身处异地的学生可

以进行实时学习。这样的授课模式打破了教学的地域限制，让更多地区的学生可以享受到优质的教育资源。

未来黑板 HoloBoard 还可以将学生带入虚拟世界，进入虚拟世界的学生可以化身为宇航员，在太空遨游。同时，全息老师和学生也可以在虚拟世界中互动，真实感受周围的环境。

此外，未来黑板 HoloBoard 具有三维建模功能，学生可以借此建立一个立体的原子世界。学生用手按压屏幕后，便可以出现一个根据按压深度形成的 3D 原子模型。同时在三维建模的过程中，借助弹性触觉反馈技术，学生会获得真实的触感，体验也更加真实。

总之，借助多种先进技术，未来黑板 HoloBoard 能够让课本里的知识动起来，以立体的动态表达提高课堂的活力，激发学生的学习积极性和参与感。未来黑板 HoloBoard 构建了一种元宇宙教育的教学场景，让参与其中的师生获得了一种全新的教学体验。

### 9.3.2 推出教学平台，打造虚拟学习世界

各家企业所掌握的元宇宙教育技术都有所不同，那么把它们集成在一起能否打造出一个超级元宇宙教学平台呢？在理想状态下，这样的平台能够为更多人提供更全面的服务，Invact Metaversity 公司便推出了一款这样的超级平台。

Invact Metaversity 的目标是打造全球首个 3D 沉浸式虚拟学习平台。在这个平台中，学生以虚拟形象进行交流，老师与老师、学生与学生、学生与老师之间可以做到自由地、无障碍地沟通，

而不需要考虑各自所处的地理位置，也不会受语言不通这一问题的困扰。

而 Invact Metaversity 中的虚拟现实学习场景也不仅局限于教室，无论是地球上的自然风光还是宇宙中的星系，学生都能够在其中漫步、探索。这样的场景和可互动操作极大地增强了学生学习的沉浸感，提高了学生的学习效率和对知识的理解能力。

除此之外，Invact Metaversity 还设立了社区，所有在 Invact Metaversity 平台中学习的学生都可以加入对应的社区，并通过自己的虚拟动画形象在其中进行社交。

Invact Metaversity 的负责人认为，随着时代的发展，曾经昂贵的 VR、AR 等设备已经逐渐进入大众的日常生活，而且这些硬件设备的功能也日趋完善。同时，成长在数字化时代的新一代学生也迫切需要颠覆传统教学方式和原有刻板教学思维的新的教学模式。内部、外部条件都已经成熟，现在正是开启教育元宇宙的黄金时期。

目前，Invact Metaversity 上线了为期 16 周的 MBA 课程，第 1 批学员已经于 2022 年 5 月 12 日正式上课。在此次沉浸式虚拟学习课程结束后，Invact Metaversity 的合作伙伴，例如微软、谷歌、推特等知名互联网企业，会为这些学生提供营销、编程、金融等方面的岗位。

### 9.3.3　科技企业与高校联合，共建元宇宙平台

2022 年 3 月，慧科集团在元宇宙教育领域的标志性成果——

“慧科元宇宙教育体验中心”在“元宇宙点燃教育创新论坛”上正式揭幕。

慧科集团的董事长认为，如今没有人能够说清楚教育元宇宙究竟该如何开启，因此慧科要打造一个体验中心，让元宇宙相关技术人员和教育一线人员共同参与其中，推动教育元宇宙的落地，为后续的发展打下基础。

慧科元宇宙教育体验中心占地约700平方米，慧科集团利用数字孪生、人机交互、大数据、AI、VR等技术，在其中打造了沉浸式虚拟现实场景和可互动式操作空间，为前来体验的用户带来视觉、听觉、触觉等多感官的沉浸式体验。而且为了保证用户在享受乐趣的同时还能够学习到有用的知识技能，该体验中心所展示的内容都是由教育领域的专业人员筛选和考察过的，且多种多样，例如艺术、科学、计算机等各个领域均有所涉及。该体验中心花费近500万元，能使前来体验的用户和想要投身教育元宇宙建设的人获得最直观的感受。

慧科集团认为元宇宙与教育的融合基于6个视角：沉浸感、交互性、构想性、教育内容、知识提炼以及智能分析。只有从这6个方向入手，才能够建立起教育元宇宙的基石。此外，慧科集团还重点应用AI、区块链、数字孪生、云计算、5G等技术，推动教育与元宇宙更好地实现融合。

慧科集团打造元宇宙教育体验中心的目的在于通过教育模式的迭代，提升高校的教学质量，培养出全方位、高复合能力、高素养的人才。慧科元宇宙教育体验中心还公开征集20所高校，希望能和高校共同打造元宇宙教育试点。

# 第 10 章 虚拟化营销：视觉营销手段不断丰富

营销是指通过一些方式让他人对自己的产品产生兴趣或记忆，促成交易。营销经历了很长的发展过程，从当街叫卖到印发传单，再到发放海报，一直到互联网时代的视频广告，营销手段层出不穷。而到了元宇宙时代，虚拟化营销成为主流，视觉营销手段不断丰富，为潜在的目标消费者提供别样的营销体验。

## 10.1 营销变革：元宇宙升级数字营销

元宇宙在赋能各行业的同时，也引发了各行业的深刻变革。在营销行业，传统的数字营销得到了元宇宙的赋能，产品、营销场景与营销手段都实现了不同程度的变革。

### 10.1.1 产品变革：实物产品升级为数字产品

元宇宙所带来的沉浸式虚拟体验与 NFT 的应用为实物产品转型为数字产品提供了基础。在元宇宙中，营销的主体将是数字产品，即新的虚拟资产。

在元宇宙中，很多与现实世界对标的产品都会降价销售，一方面是为了品牌能够在元宇宙中打开市场，另一方面是因为数字产品的成本更低，相应的售价也会降低。

这也很好地解释了为什么虚拟世界中的奢侈品和时尚品牌总是很受欢迎。在虚拟世界中，人们抛开了现实的枷锁，放大了自我的欲望，这从 Dolce &Gabbana 的虚拟服装在数字艺术平台 UNXD 上有着 565 万美元的拍卖额就足以看出。截至 2022 年 2 月，以太坊链上 NFT 销售总额已突破 160 亿美元，数字产品的魅力可见一斑。

或许元宇宙从萌芽到成熟还有很长的路要走，但不论元宇宙何时到来，其在发展的过程中，都会对整个营销环境产生越来越深远的影响。未来，将有更多的企业在更多的元宇宙应用中推出虚拟产品，虚拟营销也将成为更多企业的必修课。

### 10.1.2 营销场景变革：平面化展示转变为立体化展示

元宇宙为营销场景带来最大的变革是原来的平面 2D 展示变为 3D 立体展示。通常情况下，企业主要以视频或图片为内容载体和客户沟通产品的细节并展示产品模型。这种方式并不能够直观地让客户了解细节，不利于促成交易。

但如果将营销场景搬进元宇宙中，很多沟通方面存在的问题都可以迎刃而解。例如借助数字孪生平台，企业可以展示产品从设计到完成的全流程，甚至可以让客户在虚拟世界中操作产品，明确产品是否符合自己的预期。如果客户对产品的某一功能不满，企业也可以及时调整数据，改进设计方案。

同时，将营销场景搬进元宇宙中，也可以带给客户更好的购物体验。例如在元宇宙营销场景中，客户按喜好定制汽车后，可以借助 VR 设备进入虚拟空间，驾驶汽车自由穿梭于公路、沙漠等场景中，感受汽车的性能。

当前，已经有一些企业将营销场景搬进了虚拟世界中。例如帕莱德门窗推出了一个虚拟产品体验平台，客户借助 VR 设备就可以在虚拟场景中获得真实的产品体验。借助该虚拟平台，客户足不出户就可以进入真实的营销场景。在这里，帕莱德门窗可以依据客户需求展示定制化的门窗设计方案，让其亲身体验方案最终的效果。这样的营销模式不仅能够为客户提供更多便利，还能够大大提高产品转化率。

尽管当前电商销售依旧是市场中主要的营销模式，但以发展的目光来看，以元宇宙助力营销升级是新市场需求下企业的必行之道。在元宇宙发展的大环境下，企业需要瞄准市场风口、紧跟时代脚步，借助新技术实现营销场景的创新。

### 10.1.3　营销手段变革：虚拟偶像取代真人明星

虚拟数字人既可以成为现实人类在元宇宙中的角色载体，又可以是元宇宙中的原住民，即 AI 驱动下有自我意识的虚拟数字人。

2021 年 9 月，虚拟数字人 AYAYI 正式入职阿里巴巴。除了是阿里巴巴的虚拟员工外，AYAYI 还是一位网红达人。她不仅拥有自己的小红书账号，还能够像真人博主一样回复评论。作为颜值超高的美女博主，AYAYI 在小红书掀起了又一轮对元宇宙与虚拟数字人的讨论热潮。

而作为一位网红达人，AYAYI 受到了各大时尚品牌的热烈欢迎，娇兰、LV 等品牌纷纷发出邀请，希望 AYAYI 能够参加品牌的线下活动。而阿里巴巴也对发出邀请的品牌仔细挑选，从内容、调性等方面选择适合 AYAYI 的品牌。

虚拟数字人结合了真人明星和二次元动画人物形象的优点，既有强大的粉丝流量，又能够保证代言人自身的稳定性。

首先，虚拟数字人与品牌有着更高的配合度，能有效避免形象崩塌、网络丑闻等风险。其次，虚拟数字人可以打破原有的商业边界，不受时间、地点等客观因素的限制，可以极大满足用户的想象。最后，虚拟数字人能更高效地生产内容，降低内容生产的成本。

品牌与虚拟数字人的结合还为品牌提供了一个重塑的机会。品牌可以趁机发展虚拟产业，并发挥虚拟数字人天然的优势，让他们代言虚拟产品，以此实现虚拟世界和现实世界的联动宣传。

在未来，也许每个人都会拥有属于自己的虚拟身份，在元宇宙中建立起全新的生活方式和社交网络。而品牌将面对一个全新的商业文明，任何品牌的商品都有了新的营销机会，而每一款普通商品都可能成为虚拟世界的艺术藏品。像 AYAYI 这样的虚拟偶像则会成为超级明星，她不仅能为虚拟产品代言，还能在音乐、影视、综艺等方面实现多栖发展，展现更多的商业价值。

## 10.2　品牌青睐：元宇宙营销成为品牌营销新战场

当前元宇宙还处于蓝海市场阶段，无论是现实世界中的大品牌，还是想要在元宇宙中创业的后起之秀，它们都想在元宇宙市场中获得竞争优势。因此，元宇宙营销不可避免地成了品牌营销新战场。

### 10.2.1　虚拟代言人实践：推出品牌独有虚拟代言人

虚拟数字人能够自由穿梭于现实世界与虚拟世界之间，同时他个性化的外表、数字化的交互方式吸引了大批年轻用户的关注，因此越来越多的品牌开始打造自己的个性化虚拟代言人。

例如，屈臣氏就推出了一位虚拟员工“屈晨曦”，并宣布其为品牌的代言人。作为一名出色的虚拟员工，屈晨曦能够和人们聊天，为人们提供专业、个性化的咨询建议。同时，屈晨曦积极切入直播带货赛道，通过直播一次次地引爆了产品销量。

屈臣氏表示，屈晨曦会长久地处于成长学习的阶段，未来如何发展是由粉丝决定的。由此可以看出，屈臣氏将屈晨曦设定成一位“养成型”的虚拟偶像，其会基于用户的需求进化成长。

对于企业而言，虚拟代言人可以发挥多方面的优势，助力企业营销。

1. 高频互动，强化情感联系

虚拟代言人能够与用户高频互动，持续地输出内容，从而拉近品牌与用户的距离，强化品牌与用户的情感联系。

2. 多重玩法，吸引流量

虚拟代言人增加了品牌营销的方式，可以根据用户的特点，推出更多符合他们喜好的内容，用他们喜欢的方式刷新其对品牌的认知。

3. 附加价值，支撑长期运营

虚拟代言人可以与AI助手结合，推出线上服务或某种功能性产品，为用户提供附加价值。同时，通过不断向用户强化虚拟形象，能够帮助品牌占领用户心智，为品牌进行长期运营提供支撑。

随着人们对虚拟代言人的接受程度越来越高，文娱、美妆、服饰、食品等领域都开始尝试起用虚拟代言人。相比真人代言人，虚拟代言人的可塑性更高，能给品牌带来更大的商业空间。

### 10.2.2 虚拟营销场景实践：将虚拟商店开到元宇宙

2021年年末，时尚品牌Forever 21宣布将在Roblox中创建一个虚拟商城，而用户能够成为其中的虚拟商店的经营者。

首先，用户需要在Forever 21商城中选择一个合适的地点搭建自己的虚拟商店。用户可以选取不同的主题来装扮商店，例如FutureScape（未来世界）、Eco-Urban（生态城市）等，还可以布置各种家居、艺术品、灯饰等，使商店更个性化。每完成一项任务，用户都会获得相应的积分。用户可以在Forever 21旗舰店中以积分购买家具或其他商品。

在运营虚拟商店的过程中，用户需要雇用一个 NPC 团队为商店工作，同时需要布置货架、模特等。和现实世界中的店主一样，用户需要处理店铺订单、补充店铺库存。

在 Roblox 中创建好虚拟购物城之后，Forever 21 在现实世界中发布新品时也会在虚拟世界里发布新的数字产品，并在 Forever 21 购物城中出售。

在元宇宙火热发展的趋势下，Forever 21 看到了新的营销机会，通过同步发布实体商品和数字商品的方式创新了企业的营收途径。这也展示了元宇宙营销的一种新模式：企业可以在虚拟世界中创建虚拟商店，通过发布数字产品的方式增收。

## 10.3 可行实践路径：打造创新营销方案

虚拟营销场景与现实营销活动的结合能够打造出全新的营销方案，无论是发布数字商品，还是推出新的虚拟品牌，线上线下的并行推广都是最佳的营销手段。

### 10.3.1 借助 AR，将虚拟场景与现实营销活动相融

AR 能够利用计算机所生成的逼真的视觉、听觉等感觉营造一个沉浸式的虚拟环境，让人们能够在其中自由交互，而这也为虚拟营销提供了技术支持。

元宇宙的沉浸式体验让很多品牌看到了虚拟营销的优势，如今很多品牌纷纷依托于先进的互联网技术，以品牌的营销方式变革作为切入点，重新定义营销方法。

例如 2022 年初，深圳街头上演了一场虚拟时装秀。夜幕之下，位于深圳君尚中航城的著名地标大招牌突然亮起，身着时尚服装的模特一个个从屏幕中走出，在酷炫的背景中自由展示自己的魅力。而这一场奇幻的时装秀，离不开 AR 技术的支持。整场时装秀都是借助 AR 技术打造的，场中的模特也是 AR 打造的虚拟模特。在 AR 技术的支持下，虚拟模特不仅能够摆出各种姿势，还能够与行人互动，科技感十足。

此次时装秀并不是 AR 与品牌营销结合的个例。2022 年 2 月，

服装品牌 Maisie Wilen 就通过 AR 技术，为观众带来了一场 AR 观秀体验。其中，超写实的虚拟模特以数字形式出现在秀场上，穿着 Maisie Wilen 的 FW22 系列的服装。除了可以 360° 展示服装外，这些虚拟模特还可以与观众互动。

除了以上案例外，还有很多服装、家居等品牌都积极引入虚拟技术，探索新颖的营销方式。在这些品牌的推动下，一场营销方式的变革正在悄悄发生。虚拟技术改变了营销方式，进而重构整个营销体系。品牌通过虚拟技术赢得人们的支持、认可，再进一步扩充营销边界，获得更好发展。

### 10.3.2　发布数字商品，攻占虚拟世界新市场

元宇宙营销作为新的营销风口，引得各大品牌在此领域动作不断。例如数字化虚拟服装 Iridescence 在 2019 年以 9500 美元的价格被成功拍卖，这也是数字时装发展过程中的一个重要里程碑。人们可以在线选择、购买数字服饰，甚至可以通过 3D 建模定制自己的个性化服饰，彰显自己的与众不同。

奢侈品牌 Gucci 在数字商品方面做出了一系列尝试。2019 年，Gucci 在官方应用程序中推出一项虚拟试鞋功能。除了试穿外，消费者还可以拍摄自己穿着运动鞋的照片，分享在社交媒体平台上。同时，该功能还有专属的表情包和壁纸，供用户发挥想象，自由选择装饰。

2020 年，Gucci 与图片视频社交应用 Snapchat（色布拉）共同发布了两款滤镜，用户可以用滤镜虚拟试穿 Gucci 运动鞋，还可以在线上即时购买。整个过程方便快捷，用户足不出户，只需

用摄像头对准他们的脚，就能看到试穿效果。

此外，Gucci 还在官方 App 推出了数字球鞋板块——Gucci Sneaker Garage（球鞋车库）。这个板块包括产品故事、互动游戏、虚拟试鞋等内容。同时，Gucci 在这个板块发布了首款虚拟运动鞋 Gucci Virtual 25。这款产品属于虚拟商品，没有实物，售价为 11.99 美元，用户购买后可以在线以 AR 形式试穿、拍照、录制视频，并分享到社交平台上。

Gucci 还在这一板块中加入了 DIY 功能，用户可以挑选自己喜欢的元素，如鞋面、鞋底、Logo 等，自己设计一双虚拟运动鞋。制作完成后，用户不仅可以将作品分享给好友，还可以参与 App 社群里的最喜爱的 DIY 设计评选活动。

元宇宙的兴起使营销方式发生了巨大的变革。在未来，营销场景会更加多元，可以跨越时间、空间等物理因素的限制；商品也会更加丰富，虚拟商品将拥有更加独特的价值。

### 10.3.3 推出虚拟品牌，引领虚拟时尚

虚拟时尚潮牌 RTFKT Studios 主营各类虚拟商品销售业务，它与艺术家 Fewocious 联名推出的 3 款虚拟运动鞋上架 7 分钟就被抢购一空，销售额超过 310 万美元。

为什么没有实物、无法触摸、只能够通过 AR 滤镜在社交平台上穿戴的虚拟运动鞋能拥有如此可观的销量呢？甚至特斯拉创始人马斯克都会穿着 RTFKT Studios 的虚拟运动鞋出席活动。原因在于当社交媒体彻底融入人们的生活后，人们对虚拟时尚的接受程度也会变高，在他们眼中具备收藏价值和流通性的虚拟运动

鞋同样是一个极佳的收藏品。

在看到市场对虚拟运动鞋的高接受度后，RTFKT Studios 与游戏制造商 Atari 合作推出了 NFT METAVERSE 系列产品。这一系列产品除了运动鞋外，还包含虚拟服饰 METAJACKET，而这些服饰同样被抢购一空。

RTFKT Studios 认为，他们的经营模式和时尚品牌并无区别，产品却比时尚品牌更独特、更稀有。对于 NFT 爱好者来说，购买 RTFKT Studios 和 Fewocious 推出的 NFT 运动鞋，就像时尚达人购买 Dior 和知名艺术家的联名产品一样。

RTFKT Studios 成立仅两年就获得巨大成功，足以证明 NFT 对于传统时尚品牌来说是一个天然流量池，有希望为接近饱和的时尚行业拓展全新的发展空间。

### 10.3.4　打造虚拟时尚秀，为品牌提供技术支持

对于服饰品牌而言，举办时尚秀是营销的重要方式。在元宇宙持续升温的背景下，对“求新”有敏锐嗅觉的时尚圈早已加入这场数字科技与虚拟技术结合的信息技术革命中，积极进行虚拟时尚秀的新尝试。

2021 年 11 月，英国时装协会与游戏公司 Roblox 合作，推出首个“元宇宙设计奖”。用户可在线体验虚拟红毯走秀，试穿获奖者所设计的数字服装以及 Gucci 数字潮流单品。此外，游戏《动物森友会》也曾举办过一场虚拟时尚秀，感官上与观看现实中的时尚秀并没有什么不同。

基于虚拟时尚秀的兴起，众多品牌都想要举办自己的虚拟时尚秀。而虚拟时尚秀的举办离不开技术的支持。在这方面，云计算解决方案提供商泽塔云能够为品牌提供技术支持。

2022年7月，“2022中国国际大学生时装周”在线上举办。这是国内首场元宇宙服装系列时装周，服装、模特和场景是完全数字化的，以“云”和“数字孪生”的形式让创作者向全世界的人们展示独一无二的设计理念。而泽塔云依托异构多芯算力云平台成为此次数字时尚元宇宙沉浸式体验的重要技术提供者。

泽塔云在GPU云算力领域持续发力，依托异构多芯基础架构的技术优势，在数字时尚设计、卫星遥感测绘、人工智能算力、工业设计仿真、元宇宙、动漫VR等领域重点布局，为塑造新的行业生态贡献自己的力量。

“生产上云、渲染上云”是泽塔云推出的“GPU行业云平台”的核心理念。设计师可利用其异构多芯基础架构的算力优势，在云端完成渲染以及影像、图片输出，满足创建所需的协同设计、高精仿真、实时渲染等不同作业环节的算力需求。

作为数字时尚的底层算力支撑服务商，泽塔云构建了元宇宙虚拟时尚秀的基础，从T台场景到全新生产交互体验，都可以借助其智能化的异构多芯算力云平台实现。

# 第 11 章　开放性游戏：开启游戏生态想象空间

游戏与元宇宙密不可分，因为游戏能够最直观地体现出元宇宙的雏形。元宇宙能够构建一个稳定、自由、开放且与现实世界平行的虚拟世界，而游戏是最接近这个虚拟世界的一个领域。但是当前的游戏还需要手柄、键盘等外部设备来进行操作，没有办法营造沉浸式氛围，而 AR/VR 等设备的出现，则能够在元宇宙中让游戏与现实融为一体，开启游戏生态的想象空间。

## 11.1　游戏直观体现元宇宙雏形

元宇宙概念诞生之初就被人们戏称作“一场游戏”，尽管后面已经证明了元宇宙的价值之大，但人们依旧习惯性地将元宇宙与游戏相比，因为它们具有共同的基因，也具有相似的价值理念与构成方式。

### 11.1.1　共同基因：游戏为元宇宙的发展提供土壤

游戏在客观上更加接近元宇宙的雏形，也是元宇宙实现完全落地的重要领域。因为搭建元宇宙所需的很多技术都在游戏中得到应用，而且游戏的形式与元宇宙高度相似，可以作为元宇宙在现实世界中的窗口。此外，游戏本就是现实世界在网络中的延伸，它可以让人们在其中开启自己的第二人生，这与元宇宙的本意也是相符的。游戏为元宇宙的发展提供了土壤，而元宇宙在游戏的基础上能够实现对现实世界的进一步延伸。

1. 游戏和元宇宙都打造了一个虚拟空间

游戏通过建立地图和场景构建了一个有边界的虚拟世界。例如 GTA 5 打造了一张“洛圣都”大地图，用户在其中可以自由探索；AR 游戏 Pokemon GO 根据现实世界场景打造了一个宝可梦世界，用户可以在这个世界中捕捉宝可梦。无论是开放世界游戏，还是模拟现实场景的 AR 游戏，都是展现元宇宙的方式，元宇宙需要在这些游戏架构的基础上扩张边界，以支撑庞大的内容体量。

2. 游戏和元宇宙都给予用户对应的虚拟身份

无论是在游戏中，还是在元宇宙中，用户都有一个虚拟身份，并基于该身份在虚拟世界中进行娱乐、社交、交易等活动。例如，腾讯《天涯明月刀》手游支持用户通过捏脸打造个性化形象。然而，与游戏不同，元宇宙是一个统一的体系，其身份系统需要实现统一。例如，虽然 Roblox 平台中有许多游戏，但是各个游戏都共用一个虚拟身份和社交关系，由此形成较强的用户黏性。

3. 游戏引擎是打造元宇宙高沉浸度和拟真度的必要工具

以元宇宙的内容体量来说，它将是一个超大规模的实时交互的数字场景，需要具备处理丰富信息量的能力，而游戏引擎的升级则可以增强这种能力。目前，游戏行业常用的虚幻 4 和 Unity

3D 引擎已拥有了 PBR 物理光照模型、GPU 粒子等高级功能，而且还向着更强大、更易用的趋势发展。以虚幻 5 引擎为例，它优化了开发的工作流，渲染效率提升了数倍，还通过 Nanite 和 Lumen 技术实现了影视级美术效果。未来，随着游戏引擎的持续升级，元宇宙也会拥有更强大的表现力。

### 11.1.2　边界延伸：开放世界游戏边界不断扩展

开放世界的大型游戏越来越受到游戏公司的青睐，因为这也是通往元宇宙的一种可行路径，而且是最为稳妥的一种路径。相关调查显示，2021 年有关元宇宙的商标注册申请超过 1 万个，其中游戏领域的商标申请数量最多。例如腾讯注册了“天美元宇宙”“王者元宇宙”商标，试图打造开放性的王者大陆世界；网易注册了“网易元宇宙”“伏羲元宇宙”，对标腾讯。

一般来说，大型游戏往往都具备以下特征。

（1）提供虚拟身份：游戏能够赋予用户一个虚拟身份，以便用户在虚拟世界里开展活动。同时，定制化、形象化的虚拟身份能够让用户产生更多代入感。

（2）强社交性：用户在游戏中的社交活动能够形成个性化的社交网络。同时，用户可以在游戏中和其他用户交流、协作游戏、共同参加活动等。

（3）自由创作：一些大型游戏，尤其是沙盒游戏支持 UGC 创作，用户可以在其中自由释放自己的创造力。同时，在用户共创的过程中，虚拟世界的边界得以拓展，内容也不断丰富。这与元宇宙的拓展性十分相似。

（4）沉浸式体验：游戏作为强交互性、强沉浸感的内容展示方式，是元宇宙主要的内容载体。游戏中的虚拟身份、虚拟场景和用户在游戏过程中建立起来的社交关系等都会带给用户一种沉浸感。同时，一些游戏借助 VR 设备，能够将用户带到虚拟的游戏世界里，为用户提供更真实的沉浸式体验。

（5）经济系统：许多游戏都搭建了较为完善的经济系统，用户可以通过活动获得回报，创造的虚拟资产也可以在游戏中流通。

以上特征证明了大型游戏更具有元宇宙基因，而其中的开放世界游戏和沙盒游戏，从不同角度展示了基于游戏打造元宇宙的方法。

开放世界游戏能够为用户提供高沉浸感和自由度的探索体验。以经典开放世界游戏 GTA 5 为例，其打造了一个细节丰富、高度自由的虚拟城市“洛圣都”，用户可以在其中自由探索、驾驶汽车等。

开放世界游戏的优势主要体现在虚拟世界的高拟真度和用户的高自由度方面，但是也存在可探索的地图有限、用户创造力不足等问题。未来，随着游戏引擎技术的持续升级，开放世界游戏有望展现出更真实的渲染效果、具有更丰富的细节，同时能够赋予用户创造的能力，不断拓展游戏边界，实现真正意义上的开放世界，从而向元宇宙进发。

### 11.1.3 内容延伸：游戏 UGC 平台赋能用户创作

游戏之所以能够为元宇宙提供展示的窗口，是因为游戏始终在突破原有的边界，不断地向外扩展，为元宇宙的成长与扩展提供生存空间，同时持续丰富元宇宙的内涵。

当前市面上一些制作精良、版图巨大的开放世界游戏，能够让用户在游戏世界中自由探索，但依然难以长久地为用户带来新鲜感。游戏的日常维护、版图更新等需要大量人力，这对于游戏公司来说无疑是一个沉重的负担。

一个能够容纳海量用户的游戏要想获得长久的发展，甚至形成元宇宙生态，就需要让用户成为游戏的创作者，让用户可以自由地创造游戏场景、机制、道具等。只有这样，游戏才能够拥有长久的生命力。

在这方面，可以让用户自由创造的沙盒游戏为游戏的发展提供了一种可行的方案，更有利于元宇宙生态的搭建。以《我的世界》和 Roblox 为例，两者都是支持用户创造的沙盒游戏，用户在这两款游戏中能够创造出和现实世界相似的很多东西。不同的是，《我的世界》中的场景风格是像素风格的，相比而言，Roblox 中的场景更具真实感。

此外，在创作方面，《我的世界》虽然支持用户自由创作，但这种创作是存在于《我的世界》游戏中的，是存在于一定的游戏规则之下的。而 Roblox 是一个更自由的创作平台，在 Roblox 中，用户可以创作出新的游戏，设计个性化的游戏规则和道具。从这个方面来说，Roblox 更接近元宇宙形态。

正是因为沙盒游戏满足了元宇宙的可延展性，其才具备更多的元宇宙基因。以沙盒游戏为基础融入更多的元宇宙元素、展现更多的场景和空间，是走向元宇宙的可行发展路径。

## 11.2 众企业积极备战，以游戏入局元宇宙

游戏很容易实现商业化，而这也正是众多企业纷纷从游戏角度入手，布局元宇宙的原因。游戏为元宇宙的发展提供土壤，元宇宙的发展反过来为游戏赋能，使其自由性更高、沉浸感更强，更能满足用户的需求。

### 11.2.1 众多游戏厂商布局动作不断

元宇宙近年热度不减，元宇宙游戏自然也成了众多游戏厂商关注的重点。尤其是在传统互联网时代积累了一定资本的老牌游戏厂商，它们大多将企业的战略目标向元宇宙方向调整，想要在元宇宙的蓝海市场中抢占先机。

以网易为例，经过长时间的深耕，网易形成了多元化的产品矩阵，自主研发了《逆水寒》《阴阳师》《第五人格》等游戏，同时代理了《我的世界》《魔兽世界》等国外知名游戏，是我国游戏市场中的“头号玩家”之一。

网易在元宇宙方面十分具有优势。一方面，网易有很好的游戏开发背景，在人才、经验上有明显的优势；另一方面，网易也在积极联合外部力量，提升自己的竞争力，例如和索尼达成合作共同研发 VR 游戏，和 3D 虚拟引擎团队不鸣科技达成合作等。此外，网易还进行了多方投资，如投资了 VR 设备厂商 AxonVR、虚

拟形象技术公司 Genies，打造虚拟演唱会的直播公司 Maestro 等。

可以看出，网易在元宇宙领域的布局涉及技术和内容等多个方面。对于未来的发展规划，网易 CEO 丁磊曾表示："在技术和规则各个层面上，网易已经做好准备了，包括我们怎么去做规则的设计、怎么去做技术的储备。所以你不用担心当元宇宙世界降临的那一天我们没有准备，可能枪一响，我们跑得比谁都快。"

除了网易外，通过开放世界游戏《原神》赚得盆满钵满的米哈游也将未来发展的目光瞄向了元宇宙。

尽管《原神》获得了极大的成功，但米哈游依然在寻找新的增长点和企业未来的发展方向。在解释其口号"技术宅拯救世界"时，米哈游 CEO 蔡浩宇曾表示，米哈游想做一家科技公司，其核心竞争力就在于用最先进的技术做出符合用户需求的产品。他希望未来米哈游能够打造出《头号玩家》中所描绘的虚拟世界。在描述企业愿景时，蔡浩宇表示，希望在未来打造出"10 亿人生活的虚拟世界"。

米哈游的愿景表明了其入局元宇宙的决心。对于米哈游来说，开发《原神》这样的游戏只是起点，其目标是通过不断的产品迭代，逐步构建出接近元宇宙的虚拟世界。

除了网易、米哈游之外，完美世界也曾表示十分看好元宇宙，并且已经在产品研发中融入了元宇宙元素。越来越多游戏厂商入局元宇宙赛道，在其不断的探索和实践中，元宇宙游戏领域也将会展现出新的发展态势。相信在未来，将会有很多多样化的元宇宙游戏产品出现。

### 11.2.2 以产品为核心，逐鹿市场

除了一些知名游戏厂商瞄准了元宇宙游戏赛道、积极布局以外，还有一些游戏公司已经瞄向了具体的元宇宙产品，试图以原创元宇宙游戏产品为核心，打入元宇宙游戏市场，分得一席之地。2021 年末，《仙剑奇侠传：世界》规划曝光，据相关负责人透露，他们将以这款游戏为依托，打造国内首个开放性的国风元宇宙游戏，同时提供 VR 功能，让用户能够更加深入地体验“仙剑元宇宙”的魅力。

《仙剑奇侠传：世界》是一款架设在“仙剑奇侠传”IP 世界观上、高自由度、沉浸式的开放世界游戏。研发团队依托在 VR 技术、开放世界 PRG 技术等方面的研究基础，为用户提供极具差异化的沉浸式体验。用户可以根据自己的“想法”选择在“仙剑世界”中的生活方式，按照自己的意愿探索世界。

同时，用户还能利用 VR 设备化身虚拟角色走进“仙剑世界”，与好友一起游历、斩妖除魔，和仙剑世界中的一草一木进行交互，亲身体验“御剑飞行”，甚至可以和好友在游戏世界来一场沉浸式剧本杀。

此外，在《仙剑奇侠传：世界》中，用户还能在游戏中的虚拟演出上，结识身处于不同地域的伙伴，跨越物理空间的限制。用户不仅能享受如置身现场般清晰、美妙的音乐，还能与五湖四海的朋友进行多种形式的互动。

过往《仙剑奇侠传》系列中极为标志性的御灵玩法，在《仙剑奇侠传：世界》也得到了延续。《仙剑奇侠传：世界》中的御灵

玩法基于 NFT 技术，用户拥有的每一只御灵都是独一无二的，这些御灵可以作为数字藏品在用户之间相互赠送。

一直以来，用户创造都被认为是元宇宙必须具备的核心要素之一，Roblox 大火的原因就是其拥有完善的 UGC 生态。用户可以自由发挥想象力，不受开发者的规则限制，从而不断产出全新且有趣的内容，保证内容源源不断地供给。《仙剑奇侠传：世界》中也存在类似的内容生态，而且还向用户提供了低门槛的 UGC 编辑器，让广大用户可以轻松进行内容创作。而用户在游戏内所创作的内容，都将转化成为“数字资产”。

《仙剑奇侠传：世界》虚拟经济生态方面也做了布局，用户可以在游戏内购买土地、建造房屋或庭院，还可以在商业街区租赁经营店铺，出售自己创造的游戏内容、“皮肤”、宠物等资产。

此外，在未来，仙剑元宇宙中出现的内容将在现实中与用户相遇，例如，线上和线下联动的虚拟演出等，虚拟场景会逐渐与现实场景展开更多的融合。

## 11.3 可行实践路径：解锁游戏创收新风口

元宇宙的最终形态能够实现多平台互通，因此，元宇宙游戏与其他领域也会产生联系，而元宇宙游戏与其他领域的结合为游戏创收带来了新的路径。

### 11.3.1 游戏 + 虚拟演出，以衍生品创收

2020 年，一场别开生面的演唱会在大型游戏《堡垒之夜》中举行。其演唱者并不是游戏中的用户或 NPC，而是现实世界中的美国说唱歌手 Travis Scott（特拉维斯 · 斯科特）。演唱会的主办方在游戏中搭建了演唱会的布景，整个场景是一颗是飘浮在太空中的星球，上面有巨大的游乐场，Travis Scott 以宇航员的虚拟形象步入会场，所有观众都可以以虚拟形象在失重状态下观看这场演唱会。

1. 玩法与技术双管齐下

如果想要在游戏中举办一场演唱会，就需要该游戏有超高的自由度与丰富的建造元素，例如，《我的世界》《堡垒之夜》等举办过类似活动的游戏，都具备开放的编辑器功能以及 UGC 生态，用户在其中拥有个性化的虚拟体验。

除了丰富的玩法外，想要在游戏中举办演唱会还需要技术层面的支持。《堡垒之夜》能成功举办多场演唱会，依靠的是其开发

商 Epic 稳定的技术支持。强大的服务器让千万用户可以同时在线参加演唱会；虚幻引擎强大的实时渲染能力让每一个场景都逼真、自然；动作捕捉技术以及精细的 3D 人像打磨技术让用户仿佛身临其境。

2. 商业价值

在新风口爆发之际，大家最关注的是其商业表现与未来发展，游戏虚拟演唱会的一次次成功正好体现出了其不可估量的商业价值。

对于演出者而言，虚拟世界显然是一个极佳的宣传平台，不仅可以吸引游戏粉丝和歌迷，还可以吸引好奇的路人的关注，斩获更多的关注度。Travis Scott 在《堡垒之夜》中举办演唱会后，众多的《堡垒之夜》用户转化为他的粉丝。

对于游戏而言，与明星合作举办演出，不仅可以活跃老用户，吸引新用户，还可以售卖周边产品，以衍生品创收，延伸商业链条。《堡垒之夜》在演唱会开始的前几天，就开始在游戏商城中售卖 Travis Scott 礼包、“皮肤”、道具等产品，这些产品为《堡垒之夜》创造了巨大的营收。

### 11.3.2　游戏 + 品牌广告，开展沉浸式营销活动

无论是影视剧中的广告短片，还是隐晦穿插在剧情中的产品介绍，或者是线下商场悬挂的巨型条幅、广告牌，这些都属于广告植入。虽然植入式广告能让人印象深刻，但是它常常被人们所诟病，因为穿插或者悬挂式的广告都会影响人们的观感。例如剧情正令观众热泪盈眶，突然出现了一条植入广告；又如在商场想

要找到楼层布局介绍，视线所及之处却全是广告。

随着元宇宙的进一步发展，植入式广告将会以一种更柔和、更有效的方式出现在人们的视野中。例如，《堡垒之夜》曾在游戏中放映电影，这种形式受到了很多用户的欢迎。可见在不久的将来，在虚拟世界中也能放映预告片和广告。以广告公司 Bidstack 为例，Bidstack 原本的业务是现实世界的户外广告投放，而现在他们将业务范围扩到虚拟世界中，在虚拟广告牌、虚拟场馆中进行广告投放。

这些广告可以进一步拓展品牌发展的空间，让它们可以走出现实世界，在虚拟世界中拥有新的经济、货币、用户、消费环境。目前，已经有很多品牌尝试在元宇宙中植入广告，例如，Meta 创建虚拟商店，为人们的头像提供数字服装；SK-II 和京东合作，打造虚拟城市；华纳兄弟在 Roblox 上举办虚拟街区派对，庆祝音乐剧《高地》的电影翻拍。

与现实世界相比，在元宇宙中植入广告的优势主要体现在 4 个方面，如图 11-1 所示。

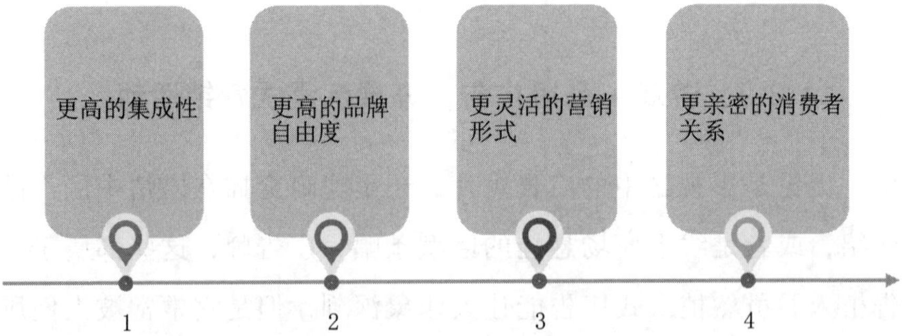


图 11-1　在元宇宙中植入广告的优势

1. 更高的集成性

与传统的广告植入的场景相比，在元宇宙中，品牌更容易和特定主题绑定，从而减少限制。例如，在现实世界中，将 Air Jordans 与篮球赛联系到一起很容易，但将其与汉堡王联系到一起就很困难。而在元宇宙中，它们可以轻松地在一个特定的虚拟场景中产生联系。

元宇宙更容易超越现实世界的限制，因此，在元宇宙中，不同品牌的合作成为可能。一些在现实世界中无法实现的营销场景，在元宇宙中可以轻易实现。

2. 更高的品牌自由度

在元宇宙中，品牌拥有了更高的自由度，可以为消费者创造出更新奇、有趣的体验。试想，在元宇宙中，品牌可以为消费者提供量身定制的体验、娱乐、购买机会，不受其他外部因素的限制。在这一品牌特定的营销场景内，消费者可以体验超凡的虚拟环境，获取个性化的互动体验。除此之外，品牌还可以实时根据趋势和客户需求的变化，充分发挥品牌创意，设计出新内容。

3. 更灵活的营销形式

游戏内广告平台 Anzu 副总裁娜塔莉亚・瓦西列娃曾表示，将游戏作为一个生态系统是每个营销人员的梦想。在元宇宙中，开放性和灵活性几乎让每个营销人员都可以找到品牌植入的机会。从广告牌到互动视频，品牌在元宇宙中以更加灵活的方式与消费者沟通。

4. 更亲密的消费者关系

在元宇宙中，品牌和消费者的关系不仅围绕产品展开，还因为品牌和虚拟形象的互动，让消费者和品牌逐渐建立伙伴关系。这种消费关系的转变也为品牌创造了新的收入来源。以奢侈品牌为例，许多奢侈品牌的数字商品收入在品牌收入中占近半的比例，有非常多的消费者希望能够在元宇宙中拥有一个奢侈品“皮肤”来彰显形象。

### 11.3.3 游戏 + 工作会议，以游戏承接大型会议活动

游戏留存用户的核心是社交与创造，这同样是元宇宙内容的核心。元宇宙打造的是一个完整的生态体系，它包含在现实世界中的各种关系的投射，其中最主要的就是社交关系。而游戏历来就有打造社交关系的传统，几乎所有游戏都会有好友互动系统。目前游戏行业正在打造多元化的社交场景，希望能够进一步地向元宇宙靠拢。

2020 年 10 月，网易在游戏《逆水寒》中召开了一次人工智能学术大会，将线下的人物和社交活动迁移到虚拟世界中。参会者进入游戏之后，会得到一个虚拟化身，并可以自由选择北宋风格的服饰、发型、配饰等。

在这个虚拟场景中，参会者能够通过虚拟化身和其他人进行互动，在古色古香的虚拟世界中召开会议。休息期间，参会者还可以观看虚拟舞蹈表演。

《逆水寒》为参会者提供了一场别开生面的“穿越”之旅。参会者能够化身北宋的各种人物形象，“穿越”到北宋风格的场景中，体验沉浸式的会议。

游戏社交场景功能的增强显示了其更强的元宇宙基因。在已有的虚拟空间的基础上，游戏可以灵活地将会议、演唱会等各种社交场景搬到游戏中，逐步还原现实中的社交关系，提供更加丰富的内容和体验。

# 第 12 章　去中心化交易：解除元宇宙交易信任危机

传统的线上交易模式是买家将资金转入第三方平台，卖家并不会直接收到货款，只有在买家确定收货之后，第三方平台才会将资金转入卖家账户。虽然这种方式能够使交易流程规范化，但是也容易产生信任危机，例如第三方平台系统异常，无法正常转款，那么买卖双方都会受到损失。但是在元宇宙中进行交易则完全可以避免这个问题，元宇宙的去中心化交易不需要第三方平台转存货款，而是买卖双方直接交易，流程简单、快捷。而去中心化交易也是推动元宇宙持续发展的重要因素之一。

## 12.1　去中心化交易推动元宇宙持续发展

去中心化交易模式建立在区块链技术和 NFT 之上，是构建元宇宙经济体系的重要组成部分。

### 12.1.1　详解去中心化交易的信任优势

区块链技术是元宇宙的底层技术之一，它主要负责元宇宙去中心化的信任机制构建，保障元宇宙内的交易安全、顺利地进行。

一方面，区块链能够明确用户在元宇宙中的数字身份，保护用户的隐私安全。基于区块链的认证技术，用户能够拥有一个明确、唯一的数字身份，这是用户在元宇宙中进行各种活动的基础。用户在与人进行互动、交易时能够认证对方的身份，实现彼此之间的身份信任。如果没有搭建一个完善的数字身份体系，那么虚拟空间可以是一个使用场景，也可以是一个大型游戏，但无法形成一个持续发展的元宇宙社会。

同时，用户个人身份数据上链后，基于区块链的去中心化运行机制，可以避免传统中心化系统中常见的数据丢失、数据被篡改等问题，有效保障数据安全。

另一方面，区块链能够为元宇宙中的数字交易提供安全保障。在进行交易时，双方可以通过智能合约的方式，将合约条款以代码的形式写好。当智能合约中的条款被触发后，智能合约就会按照之前的设定执行相关操作。这能够有效解决交易中的合约纠纷。

总体而言，区块链为元宇宙的运行搭建了一个去中心化的系统。用户的身份数据、交易数据、资产数据等数据的安全都能够在这一系统中得到保障。稳定的运行系统是元宇宙内容创作、交易的重要保障，也是元宇宙经济系统的底层支撑。

### 12.1.2　NFT：明确数字资产，助力资产流通

NFT 是一种非同质化通证，具有唯一性、不可分割性和不可复制性。这意味着 NFT 一旦与某件物品绑定，就拥有了该物品的价值。而且 NFT 能够将绑定的物品的相关权利和历史信息都记录在智能合约中，在区块链上生成一个不可篡改的编码，这就是所谓“上链”。

当前，人们已经在互联网上创造了海量的数字内容，但这些数字内容很难被合理定价并交易。而一旦数字内容与 NFT 绑定，这些数字资产的流通门槛就会大大降低。这意味着，随着海量数字内容转化为数字资产，广阔的数字资产交易空间将会被打开。

权益、IP 等无形资产，因无法被定价，所以很难达成交易。但如果这些无形资产被铸成 NFT，一方面，人们拥有的资产就能成倍增加；另一方面，无形资产的流动性就会提高，更容易流通。

NFT 作品产生的流动性溢价，是支撑它作为“数字资产”存在的基础。也就是说，以 NFT 作品的应用为锚点，进行 ERC 20 通证的裂变分发，然后通过交易所实现流通溢价，这种“同质化加密货币 + 非同质化资产”的金融模式，让 NFT 有了更大的潜在价值。

NFT 非同质化的属性，让每一份资产都可以作为完整的价值存在。分布式网络和区块链技术带来的信任支撑，使得 NFT 能实现更顺畅的流转，不至于产生过大信任成本。

传统互联网平台中有关虚拟资产和虚拟身份问题，是阻碍元宇宙实现的重要因素。例如虚拟资产解释权在平台手中，其属性

不明确；虚拟世界的经济系统完全依赖运营者的水平，无法做到自发展；用户身份信息完全被平台掌握，缺乏秘密性等。

而通过 NFT 记录虚拟资产的归属信息，则可以解决这些问题。这种权益记录可以让虚拟资产像实物资产一样，随意处置、流通、交易，不受中心化平台的限制。虚拟资产也可以因此实现跨平台流通。

通过 NFT 记录虚拟资产的归属信息，并实现点对点交易，本质上是因为这些项目用去中心化的区块链平台进行资产清算，降低了信任风险，让资产流通更加安全、高效。

### 12.1.3 MetaFi：元宇宙中的去中心化金融模式

元宇宙是一个去中心化的数字世界，而元宇宙与金融领域结合带来的变革之一就是推动金融体系由中心化向去中心化发展。当前，去中心化金融模式（DeFi）已经有所发展，为元宇宙在金融领域的落地提供了基础。

在传统的中心化金融体系中，金融行业的权力掌握在少数金融机构手中，用户难以独立地控制账户资金和金融数据。而 DeFi 中没有集中的权威机构，金融机构的权力被大大分散。

DeFi 通过区块链智能合约提供一系列去中心化的金融应用。用户可以进行虚拟资产的交易，对虚拟资产进行风险、时间维度上的重新配置。DeFi 上的应用涉及交易所、衍生品、基金管理等多个方面。它通过将交易契约程序化，在区块链上形成一套完整的金融系统。

DeFi 在元宇宙爆发之前就已经出现了，而 DeFi 与元宇宙的结合衍生出了一个新概念——MetaFi，即元宇宙中的金融系统。

从概念上来说，MetaFi 指的是使非同质化代币、同质化代币及其衍生品实现金融互动的协议、产品或服务。在此基础上，元宇宙能够形成一个包含多元内容、稳定运行的金融系统。

MetaFi 将吸引数亿甚至数十亿的用户在元宇宙中进行交易，MetaFi 能够为用户的交易提供金融服务支持，具体表现在以下几个方面。

（1）凭借 MetaFi，用户可以在去中心化平台中自主设置数字资产相关金融产品，即用户自主创新金融产品。

（2）通过 MetaFi，许多现实中的事物都可以转化为数字内容，并通过明确价值成为数字资产并自由流通。这意味着，人们创造的更多内容将展现出数字价值，更多内容将走向金融化。

（3）在没有中心化平台的元宇宙中，DAO（去中心化自治组织）是元宇宙治理的主要工具。而 MetaFi 的发展将推动 DAO 的成熟。在完善金融工具的支持下，用户可以根据组织规则实现自治，同时还可以通过提出建议、参与去中心化治理的方式优化组织服务，实现组织共治。

## 12.2 NFT 交易火热，展现发展潜力

在现阶段，NFT 已经渗透游戏、社交、版权保护等多个领域。在游戏中，NFT 让用户创造收益成为可能；在社交中，NFT 让用户更能彰显个性；在版权保护中，NFT 提供了版权保护的依据与措施。可以说，NFT 的发展潜力巨大。

### 12.2.1 NFT 成为游戏道具，“Play-to-Earn”成为可能

Play-to-Earn（边玩边赚）模式是当前游戏领域的重要转折点，它是基于 NFT 应用的一种新型游戏内商业模式。它深刻变革了游戏内的交易模式，让用户可以通过玩游戏赚取 NFT 奖励。

Play-to-Earn 模式是游戏与金融结合的 GameFi（金融游戏化）的一种表现形式，而 GameFi 体现了元宇宙经济体系的雏形。随着元宇宙的发展，GameFi 领域迎来了爆发，出现了一些更新奇的 NFT 游戏。其中，Axie Infinity 就是当下十分火热的一款 NFT 游戏。

Axie Infinity 是基于虚拟宠物的 NFT 游戏，融入了多样玩法。用户在购买了虚拟宠物 Axie 后，可以饲养并繁殖新的 Axie，或者通过其参与战斗。战斗模式和繁殖模式是推动游戏经济系统不断运转的核心。在战斗模式中，用户可以操作 Axie 进行战斗，并获取游戏代币 SLP 和 AXS。在繁殖模式中，用户可以通过两只 Axie

的配对得到新的 Axie。

为了实现 Play-to-Earn 模式，Axie Infinity 搭建了完善的经济系统。用户可以通过战斗、繁殖或参与关键治理投票等获得游戏代币，也可以出售游戏代币获得真实的收益。在这个闭环的经济系统中，有游戏代币的产出渠道，也有赚取收益的渠道，大大激发了用户参与游戏的积极性。

基于 Play-to-Earn 模式，NFT 游戏在为用户提供多样玩法的同时，也让用户能够通过游戏创收。游戏内部存在完善的虚拟经济体系，支持用户通过生产创造或交易积累虚拟资产。同时，这些虚拟资产也可以兑换为现实世界中的真实资产。

### 12.2.2　NFT 成为社交符号，彰显社交魅力

2021 年，NBA 球星库里在推特上更新了他的头像，引发了人们的热议。原因就在于该头像为 BAYC（Bored Ape Yacht Club，无聊猿猴游艇俱乐部）推出的 NFT 作品之一，花费了库里 18 万美元。

BAYC 是一个描绘猿猴各种面部表情的 NFT 项目，其中的每一个 NFT 头像都是独一无二的。在出售这些 NFT 头像时，BAYC 同时会授予买家 NFT 头像的所有权和商业使用权。这意味着交易完成后买家不仅可以在社交平台上使用 NFT 头像，还可以以此形象设计并销售产品，如书籍、漫画、衬衫等。

这些 NFT 头像一经推出就受到了人们的热捧，一时间，推特上出现了大量的猿猴头像，例如戴着太阳镜的猿猴、长着兔子耳

朵的猿猴、穿豹纹服装的猿猴等，每一个NFT头像都是一只与众不同的猿猴模样。该系列NFT头像上线后，在一天内售罄，这彰显了NFT头像的火热。

NFT头像除了具备收藏价值、交易价值外，其蕴含的社交价值也真实切中了人们的社交需求。NFT头像除了能够为买家提供更多谈资外，还以俱乐部的形式给予买家一种归属感。同时，NFT头像的稀缺性也能够彰显买家与众不同的社交地位。这些都赋予了NFT头像与众不同的社交价值。

NFT头像的社交功能彰显了其在社交领域的价值，也显示了NFT更大的发展空间。未来，将有更多的NFT商品应用于社交领域，满足人们更高的社交需求。

### 12.2.3 NFT实现版权保护，激发创作活力

版权一直是很多创作者最关注的问题，因为谁都不想自己的努力成果被他人窃取。但是数字内容往往轻易就能够被复制或盗用，例如某创作者创作了一幅电子图画，却发现被别人截图当作头像。这种情况维权十分困难，严重打击了创作者的创作热情。

而NFT可以标记数字内容的所有权，当数字内容有了明确的归属和价值表示物后，就可以实现价值流通并形成价格。

当一个作品被铸成NFT后，这个作品会被赋予了一个独特编码，以保证其唯一性与真实性。从此，原先可以被随意复制的数字内容就具有了稀缺性，除了该编码的内容外，其他的相同内容皆属于盗版。NFT对于数字资产的确权能够解决数字资产流通中

的版权问题，激发创作者在元宇宙中的创作积极性。

同时，NFT 还能够让创作者获得更多收益。在目前的一些 UGC 平台中，创作者虽然可以通过创作获得收益，但也要将一部分收益分给平台方。而在去中心化的元宇宙中，创作者可以直接和买家进行 NFT 交易，获得更多收益。并且，在之后该 NFT 的转让出售中，创作者还可以得到一定比例的收益。这不仅让创作者获得的收益更可控，也能够让创作者获得长期盈利，更利于刺激创作者生产内容。

## 12.3 可行实践路径：去中心化带来新商机

元宇宙会加速人们生活的虚拟化，而人们生活的虚拟化也具体体现在经济活动中。去中心化为元宇宙经济发展带来了新的商机，并解除了元宇宙交易的信任危机，未来将会有更多的数字资产被创作出来，并自由流通。

### 12.3.1 发售 NFT 作品，引发抢购热潮

大 IP 通常具有更大的号召力，也拥有更多的粉丝流量，能够带动粉丝经济增长。例如知名漫画 IP 的衍生电影《复仇者联盟》，每次上映都会引起热议，几乎场场爆满。那么大 IP 与 NFT 相结合能否进一步拉动粉丝经济的增长呢？

2021 年 3 月，美国经典 IP《美国众神》品牌旗下的 250 份 Technical Boy 系列 NFT 作品在 5 分钟内售罄；好莱坞 IP《神奇女侠》主题系列 NFT 作品销售总额达 185 万美元。为了抓住 NFT 交易的红利，许多企业都依托 IP，推出了具有影响力的 NFT 作品。

2021 年 6 月，支付宝限量发布了“敦煌飞天”NFT 付款码“皮肤”。该 NFT 付款码“皮肤”是基于敦煌美术研究所的敦煌 IP 而设计的，体现了浓厚的敦煌壁画风格。

支付宝 NFT 付款码“皮肤”的推出显示了阿里巴巴在 NFT 交易方面的探索，也展示了企业入局 NFT 的一种形式：企业可以联

合知名 IP 或以自身旗下 IP 为切入点，推出有影响力的 NFT 作品。例如和知名艺术家合作、和全球知名的动漫 IP 合作、以自身游戏 IP 推出 NFT 作品等。不论是艺术家，还是动漫 IP，其核心价值就在于自带流量，能够吸引粉丝为 NFT 作品买单。在市场需求下，NFT 作品能够实现顺利销售，同时买家也可以通过持有 NFT 作品获取其后期升值带来的利润。从盈利的角度来看，与 IP 合作推出 NFT 作品是企业探索 NFT 领域的可行路径。

### 12.3.2　聚焦去中心化平台打造，提供交易平台

NFT 交易平台是元宇宙经济体系中不可缺少的一环。个人与个人之间的直接交易固然简单，但是也存在诸多不便。因此 NFT 交易平台便应运而生，它可以帮助交易双方更快达成合作，交易过程也更加安全。

2021 年 8 月，腾讯旗下的幻核 App 与脱口秀节目《十三邀》共同开发的有声《十三邀》数字收藏 NFT 正式发售，300 个 NFT 几乎瞬间售罄。

这是幻核 App 首次进行 NFT 发售，腾讯也由此正式进入了 NFT 市场。此次发行的 NFT 是一个交互体验页面，集成了诸多《十三邀》嘉宾的数字音频，内容来自《十三邀》的节目内容。通过 NFT 这一形式，《十三邀》嘉宾的“金句”可以被永久珍藏。此外，用户购买 NFT 后，可以将自己的头像和 H5 页面上的互动信息刻录到唱片上，并存储在区块链上。这种互动形式提升了 NFT 的收藏价值。

但是并不是所有用户都能够在幻核 App 发布 NFT 作品，只有

经过平台授权的品牌、艺术家等，才能发布 NFT 作品。这也避免了在平台上发布的 NFT 作品出现版权问题。

此外，为了解决炒作问题，幻核 App 进行了相应的技术封堵。用户需要完成实名认证才能认购 NFT 作品。同时，NFT 一经认购，就会与用户永久绑定，不支持二次交易。

和国外承载海量交易的 NFT 交易平台相比，幻核 App 的目标在于引入更多的 IP 方，制作出精良、多样化的 NFT 作品，提升用户收藏 NFT 的体验感。在 NFT 市场尚待开发、监管体制并不完善的现在，幻核 App 的交易模式能在合规的路上走得更远。

# 第 13 章　未来前景：不断扩展的元宇宙持续变革社会

元宇宙中的各类场景既有对现实世界的复刻，又有抽象空间的具象化。元宇宙与现实世界的壁垒会被多元、多模态的交互方式打破，元宇宙在不断扩展边界的同时也不断引发社会变革。作为元宇宙发展的底层支撑，技术是元宇宙的基石，它可以构建元宇宙的任意场景，重构元宇宙的经济体系，驱动元宇宙的可持续发展，为人们带来更美好的生活。

## 13.1　技术升级，元宇宙体验实现飞跃

技术的升级会加速元宇宙的成熟和落地速度，同时也会优化人们在元宇宙各种场景中的体验，为人们提供更安全、更沉浸、更便捷的可互动式元宇宙体验。

### 13.1.1　网络技术升级，去中心化协议取代中心化协议

现实世界为元宇宙提供的大量数据，为元宇宙中各种场景的

构建提供基础，而元宇宙反过来会利用自己产生的数据影响现实世界。例如 Roblox 的用户创造的内容就会在一定程度上影响它在现实世界中的股价。因此，保障元宇宙中的数据稳定至关重要。而要想搭建一个数据主权明确、安全可靠的去中心化虚拟世界，就需要去中心化互联网的支持。

当前互联网上应用最广泛的网络协议是 HTTP 协议，它具有中心化的特征，高度集中且脆弱，不利于元宇宙的搭建。元宇宙形成过程中会产生海量的数据，并且伴随着大量的数据传递。当下互联网更多的是实现价值的传递，而难以实现价值的流转，在身份认证、价值数据的确权、交易中的隐私保护等方面都存在难以解决的问题。

在这种情况下，分布式网络受到了更多关注，IPFS（InterPlanetary File System，星际文件系统）就是其中的典型代表。IPFS 是一个基于内容寻址的分布式网络传输协议，具有去中心化的特点。

传统的中心化存储难以满足数据的大容量存储要求，也无法保证数据的安全性。而 IPFS 的去中心化存储功能能够满足元宇宙的数据存储要求，而且，融合区块链特征的 IPFS 还能够实现去中心化的经济结算和记录。此外，借助完备的机制和规则，IPFS 可以通过智能合约对元宇宙中海量数据的运行和变化进行跟踪验证，使元宇宙能够正常、有效地运行。

未来，IPFS 可能会成为元宇宙中的底层传输协议，在满足元宇宙庞大数据传输、存储要求的同时，通过内容寻址方式保证数据的可持续性。

### 13.1.2　AI 发展，助力元宇宙基建

元宇宙势必会带来全新的生活方式，无论是人们的社交、学习，还是工作，都会朝着更智能、更人性化的方向发展。但若想实现这一点，首先必须要有合适的工具构建出特定的场景，才能实现虚实结合的沉浸式体验。在这个过程中最大的助力就是 AI。

在 2021 世界人工智能大会上，商汤科技联合创始人徐立通过商汤打造的人工智能基础设施 SenseCore 商汤 AI 大装置和多种 AI 技术平台，解读了虚拟世界与现实世界连接的奥秘。

要连接虚拟世界和现实世界，首先要对物理空间进行数字化，打造出一个孪生的数字空间，让人们通过虚实叠加，对现实世界进行智能化的管理。虚实叠加构建起的世界能够真正打通虚拟世界与现实世界的边界，把现实世界搬到虚拟世界中，实现物理世界的全面数字化。

近几年，虽然人工智能技术逐渐渗透交通、医疗等行业的多个场景中，但在实际生活中，仍有 80% 的应用场景未被覆盖。例如，在城市网格化管理中，事件巡查依然主要依靠人工收集数据。除此之外，在更细分的领域，例如，在解决自动扶梯安全、高空抛物、老人跌倒等问题时，能采用的数据更少。

这些日常事件的数据往往是小数据，机器只能用通用技术来延伸，很难实现全面的数字化覆盖。因此，想要真正连接起虚拟世界与现实世界，我们还需要在人工智能领域发力，让其覆盖更多的生活场景。

### 13.1.3 脑机接口：开启元宇宙的“任意门”

现今的AR/VR技术和设备还存在一定的缺陷，例如设备过重、成本过高、画面不稳定等，这些都会影响人们在元宇宙中的沉浸式互动体验。而早前提出的脑机接口如今已经取得了一定的成就，它作为元宇宙的另一个入口，能够最大程度地避免以上问题的出现。

很多科幻作品都对脑机接口进行过想象。大脑与电脑连接后，人们可以在虚拟世界中自由获得信息、开展社交，甚至拥有味觉、触觉等感官体验。相比当前的AR、VR等技术，脑机接口将提供颠覆性的元宇宙体验。

在当前的游戏中，用户的攻击、跳跃等动作都是预设的，无论用户如何操作，预设动作都不会改变。而脑机接口用意志控制虚拟化身的行动，用户可以在虚拟世界中自由行动，随心所欲地进行交互，实现更自由的操作。

除了摆脱预设动作的“枷锁”外，脑信号的双向传输使得多种感官反馈成为可能。在这种情况下，当人们在虚拟世界触摸一块石头时，能感受到石头的温度、重量等，虚拟与现实之间的界限也将被打破。

就目前来看，脑机接口技术存在诸多发展难点。人们通过脑机接口用意识进行操作，凭借的是大脑发出的信号，只有精准识别、解析大脑发出的信号，通过脑机接口进入元宇宙的设想才能成为现实。

目前，已经有一些公司在这方面做出了探索。脑机接口公司

Neuralink 研发了一款只有硬币大小的侵入式脑机接口设备，可以实现神经信息的传输，把意念转化为数据信号。该设备研发成功是脑机接口领域的一次重大进展。

未来，随着脑机接口技术的发展和相关设备的应用，虚拟与现实之间的壁垒将被彻底打破，人们可以全方位地感受虚拟世界，并在其中自由活动。到那时，人们在元宇宙中生存也将成为可能。

## 13.2 影响扩散，元宇宙深入影响社会生活

元宇宙对于现实世界的影响是持久而深远的，元宇宙最先对游戏、办公和教育领域产生影响，而后文旅、购物等领域也受到了影响。因为元宇宙的边界会随着技术的成熟而不断扩展，所以终有一天它会将整个现实世界都囊括在内。

### 13.2.1 工作岗位变革：元宇宙捏脸师＋元宇宙建筑师

元宇宙经济是数字经济的一个重要部分，它也催生出了许多传统行业之外的新兴行业和新兴岗位。这是时代所做出的选择，每一个时代都会有岗位被淘汰，但也会有新的岗位诞生。

当前，元宇宙的发展已经催生了一些新兴职业。例如，一些依靠为客户创作虚拟头像赚钱的捏脸师已经率先享受到了元宇宙的红利，赚取了令人艳羡的高收入。一般而言，在虚拟世界中捏一张脸的价格往往在几十元至几百元之间，而随着客户对虚拟形象个性化要求的不断增多，捏脸的价格也不断提升，甚至会有客户愿意花费几千元购买一张虚拟的脸。在这种市场行情下，一些手艺精湛的捏脸师成功获得了较高的收入。

随着捏脸系统的逐渐完善，“游戏五分钟，捏脸三小时”成为许多用户的真实写照。捏脸实际上也存在一定的门槛，有美术功底的用户更容易捏出自己想要的效果。因此许多用户为了节省时

间，或者得到自己想要的虚拟形象，就会通过购买的方式，从捏脸师那里获得更符合自己审美标准的虚拟形象。而众多用户的巨大需求也催生了新的获利空间。

此外，对于企业而言，快速的数字化变革也将推动企业数字化转型的进程。在元宇宙相关技术的持续冲击下，企业将面临组织能力、业务流程等方面的全面重塑。在企业内部，一些传统的工作岗位将会消失，岗位技能将被重塑。

面对这一趋势，企业一方面要抓住时代变革所带来的机遇，设立新岗位吸引新兴人才，例如，以游戏业务见长的网易已经开始招聘捏脸师，为游戏用户提供更优质的游戏体验；另一方面，企业要做好员工技能培训，帮助员工以新技能适应数字化转型下的新工作。

此外，以在虚拟世界中承接建筑项目为主要业务的元宇宙建筑师也悄然出现在市场中。这些建筑师可以根据客户需求，以虚拟化身在虚拟世界中建起多样的虚拟建筑。

例如，“烤仔建工”就是一支承建元宇宙虚拟建筑的施工队。该团队中的大部分成员都是来自传统建筑行业的建筑设计师。他们在成为元宇宙建筑师之前，花费了大量时间学习建模软件，根据自己的建筑设计经验和建模技术对客户提出的建筑要求进行个性化定制，最终给予客户一个满意的方案。

目前，“烤仔建工”已经承接了多样的元宇宙建筑项目，如与企业合作，为其搭建虚拟世界中的工作室、品牌地标等。其会根据建筑的复杂难度、地块大小等进行项目定价，最终通过承接项目获得收益。

元宇宙捏脸师、元宇宙建筑师等都是在元宇宙影响下出现的新兴岗位。这也表明了元宇宙的发展将带来工作岗位的变革。未来，随着元宇宙发展的深入和虚拟世界的扩大，将会出现更加多样的工作岗位，拓宽人们的收入渠道。

### 13.2.2 经济体系联通，创作者经济爆发

元宇宙用户的自主性很强，而且用户基础庞大。因此用户的行为会对元宇宙的发展产生很重要的影响。在此基础上，元宇宙的经济系统赋予用户“币权”，用户所创作的所有数字资产都归自己所有。在传统互联网流量经济红利消退的情况下，用户创造内容对自己和经济体系都有着巨大的好处。

一方面，创作者经济会促进元宇宙经济的发展，创作者和平台之间的利益分配方式将会改变。当前，在中心化的平台中，平台掌握着大量的资源和信息，依靠信息不对称的优势，平台往往会从用户创作中获得更多利益。而元宇宙中的分发平台是去中心化的，平台只是内容和工具的提供者，创作者通过创作能够获得更多收益。

另一方面，元宇宙中的经济活动遵循分布式的商业原则。这意味着，元宇宙经济中将不再有股东的概念，所有参与创作的用户都是利益相关者，而用户间利益分配的唯一原则就是自己的付出。

当前，在创作者经济方面，已经有一些企业做出了积极尝试。《迷你世界》是我国用户体量最大的沙盒游戏，它基于自研引擎的强可塑性，为用户提供了不同阶段的开发工具。初级创作者可以

利用素材方块进行场景搭建，或利用触发器进行可视化编程。专业开发者可以利用底层的 Lua 脚本编辑器进行更复杂的创作。

每个用户都可以通过平台一站式管理、编辑、测试、发布自己创作的游戏。开发工具的便捷性和开放性，降低了游戏开发的门槛，从而扩展了平台内容的边界，在游戏内形成了“游戏—创作—游戏”的良性循环。

总之，在元宇宙中，人们付出多少努力，就会获得多少回报。在这样更加公平的经济机制下，人们的创作热情将大大提高，更加积极地参与元宇宙共建中，从而推动元宇宙经济的形成和发展。

### 13.2.3　平台走向联合，超级数字生态形成

由于技术的限制，元宇宙在当前阶段只能够实现分阶段、分领域落地，例如一些元宇宙游戏产品平台与元宇宙教育产品平台并不互通，用户需要在两个平台注册两个身份。而这种情况会导致用户产生身份割裂感，难以进入沉浸式状态。

而终极形态的元宇宙是一个平台与平台相互联通的超级数字世界，拥有一套完整的通用协议，包括用户身份、数字资产、社交关系等。在其中，人们可以拥有统一的数字身份，可以创建自己的私人空间，并在统一的规则和接口下和其他平台相连接。

形成终极形态的元宇宙的重要一点就是在保证各平台独立的前提下，打通各平台之间的壁垒，实现多平台的互联互通，由此实现平台间的信息互享、价值互认。这意味着真正的元宇宙不是

某家公司、某个机构独立建立的，元宇宙也不会因某公司或某机构的破产而消亡。

从过程上看，元宇宙的形成需要经过两个阶段。第一阶段，各公司会搭建去中心化的元宇宙平台，现实生活中的工作、生活的方方面面都将逐步迁移至虚拟世界中。但用户无法进行跨平台操作，在其中某一平台上创建的社交关系、虚拟资产等也无法和其他平台互通。第二阶段，各平台在通用的标准协议的支持下实现交互、经济的互联互通，实现真正的元宇宙。

未来，各平台在发展的过程中将会形成一个个大大小小的宇宙，而这些都是被包含在整个元宇宙体系中的。不同的宇宙相互嵌套、相互连接，而人们在其中的体验也将更加自由。

### 13.2.4 应用场景蔓延，元宇宙逐步搭建数字生活全场景

元宇宙最终是要实现对整个现实世界的赋能，虽然当前由于技术局限并不能立即落地，但是随着技术的日趋成熟，元宇宙在现实世界中的应用场景也在不断蔓延，并逐步搭建起新的数字生活场景。而这一切都离不开元宇宙引擎的强大驱动。

元宇宙最早应用在游戏领域，它所使用的引擎技术也来源于游戏。元宇宙引擎是数字世界的构建和呈现法则。游戏引擎是典型的实时三维引擎，它定义了游戏画面呈现和用户交互逻辑，从本质上来说，游戏引擎也是驱动一个虚拟世界正常运转的核心因素。因此游戏引擎与元宇宙引擎有着千丝万缕的联系，元宇宙在游戏领域的应用最早也最为广泛。

但元宇宙是一个平行于现实世界的虚拟世界，它的目的是将各类数字技术应用到各个场景中，例如办公、教育、医疗等行业的各种场景中。元宇宙对于这些领域的全面赋能，能够促进数字经济与实体经济融合发展，搭建数字生活全场景。

内容生产也是元宇宙中非常重要的组成部分。当前所使用的内容生产工具可以快速导入各种 3D 模型，搭建各种各样的 3D 场景，同时能够提供交互式功能，满足各领域、各应用中的内容生产需求。元宇宙中的内容大部分为用户生产内容，所以内容生产工具也要尽可能地实现操作简单和功能全面，从而促进更多个性化的内容产出，不断拓宽元宇宙的应用边界，丰富元宇宙的数字内容。